El secreto hacia el amor, la dicha y la abundancia

Descubre el poder de Ho'oponopono para cambiar tu vida

El secreto hacia el amor, la dicha y la abundancia

Descubre el poder de Ho'oponopono para cambiar tu vida

Angie Ramos
Coach de vida certificada

El secreto hacia el amor, la abundancia y la dicha:
Descubre el poder de Ho'oponopono
Copyright © Angie Ramos, 2020

Todos los derechos reservados

La información contenida en este libro es opinión del autor y se encuentra basada en las experiencias personales del autor, sus observaciones e investigaciones. El autor no asume ninguna responsabilidad por el uso de la información contenida en este libro, y no acepta ninguna responsabilidad por pérdida o daños de ningún tipo en los que el lector pueda incurrir como resultado de las acciones tomadas en base a la información proporcionada en este libro.

No se permite la reproducción total o parcial de esta obra, ni su incorporación a un sistema informático, ni su transmisión en cualquier forma o por cualquier medio (electrónico, mecánico, fotocopia, grabación u otros) sin el permiso previo y expreso del autor. La infracción de dichos derechos puede constituir un delito contra la propiedad intelectual.

ISBN-13: 978-1-9991766-1-7

Diseño de la portada de: Alezza Art
Impreso en los Estados Unidos de América
Información de contacto:
https://habitosexitosos.com
https://angieramos.ca
Primera Edición: mayo 2020

CONTENIDO

Introducción	*1*
Parte I:	*5*
Conociendo quién eres verdaderamente	*5*
1 El Amor Infinito	*6*
Amor Propio	8
La autoestima	11
Tú eres amor puro	13
2 Barreras que te impiden abrirte al amor	*15*
El miedo	16
La respuesta al estrés	19
Decide abrirte al amor	23
Miedo por Khalil Gibran	27
3 La Vulnerabilidad es la puerta hacia al amor	*28*
El Perfeccionismo	30
La importancia de reconocer tu propia vulnerabilidad	33
Abraza tu vulnerabilidad	34
4 Tu verdadero yo	*37*
El tazón de luz	38
Tu personalidad: el ego	40

La sombra	42
5 *La consciencia y la mente consciente*	***47***
Los cuatro niveles de conciencia	50
6 *El origen de tus pensamientos: Tu subconsciente*	***55***
Cómo funciona tu cerebro	56
Sistema de creencias	57
El subconsciente	60
La comunicación entre tu consciente y tu subconsciente	63
Cómo entonces puedes cambiar tu vida al reprogramar tu subconsciente	64
7 *La supraconsciencia*	***67***
8 *La dualidad*	***73***
Qué es la dualidad	74
La dualidad emocional y mental	76
La energía femenina	80
La energía masculina	82
Sinergia	84
9 *La importancia de las emociones*	***88***
Inteligencia emocional	91
Liberación de emociones	94
Proceso para dejar ir y liberarse de las emociones	97
10 *La consciencia presente*	***101***

¿Qué significa vivir aquí y ahora?	103
Atención plena o mindfulness	105
Beneficios de la práctica de atención plena	106
Formas de practicar la Atención Plena	107
Meditación concentrada	108
El objetivo no es detener los pensamientos	109
Parte II:	*111*
Reconéctate con la luz y el amor infinito	*111*
11 Qué es Ho'oponopono	*112*
El método en la actualidad	116
12 ¿Qué son los problemas?	*120*
¿De qué forma te sirven los problemas?	122
Las dos preguntas que te ayudarán a resolver problemas	124
13 Tu responsabilidad	*128*
Elige ser responsable	131
La paz inicia conmigo mismo	135
14 El mantra de 4 frases	*139*
Las 4 frases sanadoras	141
Lo siento	142
Por favor, perdóname (Perdón)	143
Gracias (Agradecimiento)	143
Te amo (Amor)	145

15 Practicando Ho'oponopono — 147

- La integración de las tres partes — 152
- Tú tienes el poder de cambiar tu realidad — 153
- Viviendo en el presente — 154
- Tú práctica diaria — 156

16 Tu niño interior, tu autoestima y las relaciones personales — 160

- La relación más importante — 161
- Ámándote a ti mismo — 163
- El respeto y los límites — 165

17 Las relaciones de pareja — 169

18 El arte de dejar ir y confiar — 175

- Abandonar las expectativas — 177
- Aceptar lo que es — 179
- Descubre qué te hace feliz — 182

19 Libérate de las influencias negativas del pasado — 186

- La importancia del perdón — 188
- Proceso de perdón — 190

20 La espiritualidad y la abundancia — 197

- Reencarnación y la familia — 199
- Ho'oponopono y la abundancia — 205

Acerca del autor — 212

Recursos adicionales — 213

Referencias   **214**

Introducción

Este libro comenzó como una ayuda para las personas inscritas en mi curso del Cambio Radical, sin embargo, poco a poco fui profundizando en temas que realmente tocan mi corazón, con la ilusión de poderte mostrar como Ho'oponopono me ha abierto las puertas a una espiritualidad más fluida, dándome la oportunidad de mejorar mis experiencias y obtener aprendizajes más claros, así como llenar los espacios faltantes en mi filosofía de vida.

Ho'oponopono es algo que encontré buscando un método para dejar ir el pasado y permitir a la abundancia llegar a mi vida; cual fue mi sorpresa cuando lo que descubrí era un verdadero tesoro que llegó a unir cada una de mis creencias y a ayudarme a profundizar en mi interior, sanando viejas heridas y ayudándome a dejar fluir el amor. Pero no solo eso, sino que también la comencé a utilizar con mis clientes y recomendarles su uso, inmediatamente hemos visto cambios no solo en lo externo, sino en la paz interior que nos brinda la utilización de este proceso.

El libro está dividido en dos partes, la primera te da una idea de cómo funcionamos en el día a día y cómo está trabajando tu mente y tu subconsciente, con esto te darás cuenta lo que conlleva el hacer un cambio verdadero en tu vida.

El secreto hacia el amor, la dicha y la abundancia

En la segunda parte conocerás qué es Ho'oponopono, cómo funciona y cómo lo puedes utilizar en tu vida para limpiar todas las memorias que crean problemas, situaciones incómodas y relaciones poco sanas en nuestras vidas.

Verás que Ho'oponopono es una herramienta que es sumamente sencilla y a lo largo de este libro te darás cuenta que esta técnica basada en el conocimiento ancestral de los hawaianos es sumamente profunda y te puede ayudar a conectar con tu lado espiritual de manera muy fácil.

Deseo que puedas ver cómo fui integrando esta práctica de Ho'oponopono a mi filosofía de vida y cómo fue complementando esos pequeños vacíos que yo sentía entre mis técnicas, mis ideas de psicología y mis métodos de coaching y desarrollo personal. Honestamente, creo que, de todas mis herramientas, esta es la técnica más eficaz y más fácil de entender; sin embargo, podrás conocer a profundidad lo que este mantra tan sencillo de «Te amo, Gracias» representa.

Si me has seguido de hace tiempo, sabrás que Esther Hicks ha sido de gran inspiración para mí; si no la conoces ella es la creadora de la Ley de la Atracción a través de la conexión que tiene con Abraham; siento que su filosofía y sus mensajes han ayudado enormemente en mi vida y le han previsto de una guía espiritual muy amplia. Sin embargo, en situaciones en donde te sientes un poco desesperado o no ves la solución, el seguir sus consejos de mantenerte pensando positivo y en alineación con la Fuente puede ser un poco difícil en la práctica diaria. A pesar de que veamos tanta gente que repite y repite que debes de enfocarte en lo positivo, no pensar lo que no quieres, etcétera, en la realidad este proceso de alinearte con la Energía Universal es un poco más complicado en el día a día y mucho más difícil de mantener si ni siquiera sabemos cómo funciona nuestra mente y cómo podemos mantenernos presentes en el aquí y ahora.

Al descubrir Ho'oponopono me hizo ver que esta transición de pasar de una emoción negativa a una emoción más positiva o más bien a dejar ir esas emociones negativas que surgen "automáticamente" de las

Introducción

situaciones más comunes, es mucho más sencilla de lo que yo pensaba, y esto fue lo que me convenció a compartir contigo y con más gente mis herramientas y lo que yo entiendo del proceso para ayudarte a ti a mejorar tu vida. Es por esta razón que a Ho'oponopono se le conoce como la técnica espiritual de resolución de problemas más efectiva que existe.

A lo largo de este libro podrás comprender a profundidad esta técnica que te ayudará a abrir algo en tu interior que muchos hemos cerrado, esa apertura hacia la luz, hacia el amor. Pero sobretodo podrás reconocer esa conexión permanente con la Divinidad, esa fuente de amor incondicional que tienes todo el tiempo.

Quiero aclarar que de ninguna forma me considero experta en Ho'oponopono, después de todo, aun cuando tomé los cursos de certificación con Joe Vitale, las pláticas del Dr. Hew Len, he tomado cursos con Mabel Katz que se formó directamente con el Dr. Hew Len y participo continuamente en las pláticas del IZI LLC, uno de los institutos creados por Morrnah Simeona, creo que siempre hay un espacio para seguir descubriendo el potencial de nuestro trabajo de limpieza y de nuestro propio desarrollo. Aun así, me encantaría compartir contigo lo que yo he aprendido en mis cursos, en mi proceso de investigación, en mi propia aplicación y de la retroalimentación que he tenido de mis clientes.

Adicionalmente, creo que Ho'oponopono se complementa maravillosamente con las técnicas que yo he utilizado por varios años con mis clientes de coaching y en mi vida personal, por lo que en mi programa del Cambio Radical reúno estas herramientas e instrumentos que te pueden ayudar a ti a hacer un verdadero cambio radical en tu vida en muy poco tiempo.

Quiero también que sepas que de ninguna forma es necesario que adoptes mi propia filosofía de vida o que cambies de religión o tus valores fundamentales; como te lo comenté, Ho'oponopono es una forma de profundizar en tu espiritualidad y una herramienta que puedes utilizar adicionalmente sin importar tus creencias o dogmas religiosos. Lo único que te pido para que este periodo sea realmente efectivo para ti es que te abras a la posibilidad de ver las cosas de forma distinta, de una forma más positiva y abierta, lo pruebes y veas lo que puede hacer por ti y por tu vida.

Mi mensaje está lleno de amor hacía ti y a través de cada uno de los capítulos te darás cuenta que mi deseo final es que tú sepas que no necesitas un gurú o alguien que te diga lo que es bueno para ti. Tú ya lo sabes, tú llevas la solución de todos tus problemas dentro de ti. Mi objetivo es hacerte consciente de esto y que por medio de Ho'oponopono puedas liberarte de todo lo que te impide ser feliz y te des cuenta que el amor y la dicha están en tus manos ahora mismo.

Y antes de comenzar de lleno con esta hermosa filosofía de vida, quiero hacer una aclaración que es importante para mí, cuando menciono a Dios no lo hago con un tinte religioso, para mí Dios es el Amor Total, es la Totalidad del Bien, en tu caso lo puedes adecuar a tu sistema de creencias, Dios, Buda, Universo, Amor, Energía o la Fuente.

Espero realmente disfrutes este proceso y alcances todos tus sueños y deseos.

La Paz del Yo,
Angie Ramos
Coach de vida certificada
Coach de alimentación intuitiva

Parte I:

CONOCIENDO QUIÉN ERES VERDADERAMENTE

1

EL AMOR INFINITO

Te darás cuenta a lo largo de este libro que el amor es lo que nos une a todos y que lo único que nos falta es conectar enteramente con esta energía Universal. Regresando a lo más básico de tu naturaleza te ayudará a encontrar más satisfacción y felicidad en tu vida a través de dejar el fluir el amor en ti, a través de ti y dejarlo que se desborde en tu vida.

El amor es una virtud de la cual todos hablamos, pero realmente muy pocos nos ponemos a pensar en lo que en realidad significa. Yo personalmente creo que el amor es una de las palabras más malentendidas que existen en el diccionario.

Recuerdo que cuando me encontraba estudiando la maestría, en un taller al que asistí; nos guiaron para hacer un ejercicio en donde priorizábamos diferentes aspectos de nuestras vidas, el amor, el éxito, la felicidad, etcétera. En ese momento había varias mujeres a finales de los treinta y cuarenta años y yo me encontraba en un trabajo personal de abrirme más al amor, por eso es que, yo creo que una de las cosas que más me llamó la atención es que, a la hora de hacer la elección, esas mujeres eligieron todo menos el amor como prioridad. Algunas de ellas divorciadas y otras separadas decían que, lo que menos pensaban en ese momento era el amor, preferían poner como objetivos cosas más prácticas o enfocarse en su éxito profesional. No fue hasta años después que realmente comprendí el impacto de esa decisión, no solamente tomada por esas mujeres sino por muchos de nosotros que dejamos de ver la importancia del amor en nuestras vidas.

Hoy entiendo que, el amor es a veces confundido con el romance de pareja, con esa búsqueda de amor afuera de ti mismo para sentirte validado o amado por alguien más o con soñar con que un príncipe azul venga a rescatarte y darte todo aquello que no has podido obtener de las demás personas. Hoy entiendo que como sociedad tenemos un desequilibrio al valorar más la razón y la lógica sobre las emociones y la capacidad de sentir y transmitir amor.

El amor es más que una palabra, es tu propia esencia, es el vibrar en sintonía con el Universo y con la vida misma. El amor es lo más poderoso que puede existir, pues es capaz de iluminar la oscuridad, es capaz de quitarle el poder al miedo y de sanar cualquier herida.

Cuando abrimos nuestro corazón al amor nos abrimos a recibir la abundancia del Universo; como te lo mencioné anteriormente para mí Dios es el amor infinito, así que cuando te abres al amor, en realidad te estás abriendo a vibrar en la misma frecuencia que la Divinidad.

Podemos conocer al amor, podemos sentirlo, pero no podemos aferrarnos a él, cuanto más queremos poseerlo más se nos escapa. El amor es libertad, el amor no tiene barreras ni limitaciones. Es así como podemos comenzar a entender que el amor no es posesivo, no se trata de hacer que las otras personas te amen, el amor es la libertad total.

Es importante comprender que el amor no es esa idea de romance o de relaciones ideales que vemos en las telenovelas o en las películas, tampoco es esperar a encontrar a tu «media naranja». El amor no está afuera de ti, el amor surge de ti mismo. Asimismo, el amor no es algo que podamos medir, solo podemos sentir y dar amor. Y por lo mismo, no es algo que podamos vender o comprar, el amor está en todos nosotros, en la naturaleza; está en cualquier cosa que vemos y con todas las personas con las que nos relacionamos, aunque parezca difícil de aceptar.

Todos nacemos con la capacidad de amar y ser amados, y estamos aquí en esta vida para amar, para amarnos unos a otros; todos estamos conectados de alguna forma y en esencia cuando amamos a otra persona en realidad estamos amándonos a nosotros mismos.

Amor Propio

Aunque es cierto que el amor lo podemos ver demostrado de muchas formas, es imprescindible que entendamos que la forma más importante de amor es el amor propio. Y puede que haya personas que piensen que el amarse a uno mismo es malo, porque se puede caer en el egoísmo, pero el amor propio es precisamente lo contrario.

Una de las paradojas de la vida es que entre más amor te das a ti mismo, más eres capaz de dar ese amor a otras personas. No puedes dar lo que no tienes. El amor que buscamos desarrollar es la aceptación total de ti mismo, es la apreciación del individuo que eres y la alimentación de una buena autoestima y confianza en ti mismo. Si no eres capaz de amarte a ti mismo completamente, así como eres, así cómo estás, con todo aquello que te gusta y aquello que no te gusta tanto, no serás realmente capaz de amar honesta y abiertamente a otra persona, sin expectativas ni limitaciones.

El amor propio es esencial para el desarrollo personal, mental y físico de cada individuo. Si no te amas a ti mismo es muy probable que tus experiencias no sean del todo agradables, es más probable que pongas el bienestar de otros antes que el tuyo, que no puedas reconocer tus virtudes y que no te cuides a ti mismo espiritual, mental y físicamente.

El amor propio es la práctica de aceptar, cuidar y alentarte a ti mismo. Pero no nada más es eso, sino que es un componente vital para nuestra propia supervivencia. Es una parte natural e instintiva que tenemos como seres humanos el amarnos y sentirnos amados.

El proceso de amor propio comienza con el simple hecho de comenzar a apreciarte a ti mismo. Es de suma importancia el ser gentil, compasivo y considerado contigo mismo, sin embargo, el amarte incondicionalmente es mucho más que un solo sentimiento.

El amor propio es una práctica intencionada de aprender de ti mismo y cuidarte. Además, el amor propio te provee la oportunidad de verte completamente, así como eres, de reconocer tu propio valor, reconocer tus fortalezas y tus habilidades, pero también saber cuales son tus debilidades, aceptarlas y cultivar un proceso de desarrollo, reconocer tus triunfos y tus retos.

Todo esto es un proceso crítico que te llevará a desarrollar una relación totalmente nueva contigo mismo y que te llevará a un desarrollo constante que te permitirá tener una vida más equilibrada y un sentimiento de satisfacción perdurable y más profundo.

Cuando uno no se ama a sí mismo tiende a buscar ese amor en otra persona, en relaciones externas, buscando la aceptación y la validación por medio de otras personas. Esto es lo que genera que entremos en relaciones poco sanas y además nos mantiene con una baja autoestima.

> *«Tu tarea no es buscar el amor, sino simplemente buscar y encontrar todas las barreras dentro de ti que has construido contra él».*
>
> *Rumi*

El amor lo podemos expresar de muchas formas, algunas formas representan el amor en su forma pura, mientras que otras reflejan el cómo queremos satisfacer esas necesidades de amor a través de comportamientos no tan positivos. A continuación, te comparto una lista de formas puras de amor y otra con las distorsiones del amor. Puedes

El secreto hacia el amor, la dicha y la abundancia

utilizar esta lista para reflexionar con qué frecuencia experimentas o expresas cada una de estas cualidades.

Formas puras:
- Aceptación
- Compasión
- Cooperación
- Inclusión
- Apertura
- Receptividad
- Respeto
- Empatía hacia los demás
- Unión / Unidad
- Inspiración
- Altruismo
- Motivación
- Pasión
- Relaciones de calidad y saludables
- Cuidar de ti mismo
- Salud mental, emocional y física
- Habilidades parentales

Distorsiones:
- Apego
- Conformidad
- Dependencia
- Exclusividad
- Miedo al rechazo
- Celos
- Necesidad de sentirte aceptado
- Posesión
- Centrarse en sí mismo
- Sentimentalismo

- Actuar a la defensiva
- Inseguridad
- Negligencia
- Prejuicios
- Comportamientos violentos

La autoestima

La autoestima y el amor propio están íntimamente ligados. Pues la autoestima generalmente se define como la consideración o el aprecio que uno tiene de sí mismo y como ves esto tiene que ver con que tanto te ames a ti mismo y viceversa. En psicología, a la autoestima se le conoce como la opinión emocional que los individuos tenemos de nosotros mismos, sin importar si esta opinión está sustentada o no.

De acuerdo con Matthew McKay, Ph.D. la autoestima es esencial para nuestra supervivencia psicológica, si no tuviéramos al menos un poco de valorización de nosotros mismos el vivir sería muy duro y complicado, y de la misma forma sería muy difícil el satisfacer nuestras necesidades.

La autoestima es tener la confianza en nuestra habilidad de pensar, confianza en que podemos sobresalir a cualquier reto que la vida nos presente. Pero también es el derecho que tenemos de ser felices y exitosos, el sentimiento de que somos importantes y que tenemos un valor inherente, que tenemos el derecho de expresar nuestras necesidades y deseos y lograr todo aquello que nosotros consideremos importante en nuestra vida, así como el disfrutar del fruto de esos logros y nuestros esfuerzos.

En esencia, la autoestima es qué tanto consideres que tienes el derecho de ser feliz y que eres digno de serlo. Este sentir es más que una idea o una emoción pasajera, es realmente lo que te motiva y reside en ti para generar un comportamiento en tu vida entera.

La autoestima está directamente relacionada a cómo nos comportemos diariamente, y así mismo las experiencias que tenemos día a día, afectan a nuestra autoestima. Es un ciclo de retroalimentación continua en donde lo que haces se ve reflejado en tu autoestima, y tu autoestima te hace actuar de cierta forma, teniendo ciertas experiencias que comprueban esa forma de pensar de ti mismo y de tu valor.

Uno de los problemas más importantes de tener una autoestima baja, es que al no tenerla estás negando tu propia identidad y te quitas valor a ti mismo, lo que daña profundamente tu estructura psicológica y te impide vivir una vida plena y feliz. Al juzgarte y al rechazarte te estás haciendo un gran daño e impides tu propio desarrollo personal, social y laboral. Por ejemplo, si no te sientes bien contigo mismo es muy probable que no quieras participar en reuniones sociales o evites conocer gente nueva, este comportamiento impide que tomes riesgos que posteriormente te pueden traer grandes beneficios, como en lo laboral o académico en donde es necesario exponerse un poco para poder sobresalir. En realidad, cuando tienes una autoestima baja te estás autolimitando pues tiendes a autocensurarte y mantenerte en tu mismo ambiente y zona de confort.

El valor de nuestra autoestima es tan alto que no solo nos permite sentirnos mejor, sino que nos permite vivir mejor, nos permite responder a los retos y oportunidades de mejor forma y de manera más abierta e ingeniosa.

El nivel de nuestra autoestima tiene consecuencias profundas en nuestra vida diaria, desde como operamos en el trabajo, como nos relacionamos con las personas, lo mucho que puedes lograr personal y laboralmente, y como interactúas con la gente cercana, como tu pareja, hijos, amigos y aún más importante es el nivel de felicidad que logres tener.

De acuerdo con el Dr. Nathaniel Branden la baja autoestima se relaciona con comportamientos como: irracionalidad, rigidez, miedos, actuar a la defensiva o demasiado agresivo, ser demasiado complaciente o tratar de controlar a la gente, miedo hacia otras personas o comportamiento hostil.

En cambio, si gozas de autoestima saludable lo más probable es que tengas comportamientos que te permitan disfrutar más de la vida y ser más exitoso como: creatividad, independencia, flexibilidad, habilidad para manejar los cambios, apertura hacia los errores, ser compasivo y trabajar bien equipo.

Entre más sólida se encuentre nuestra autoestima, mejor estaremos equipados para manejar cualquier situación que se nos pueda presentar en la vida; en caso de tener algún tipo de fracaso o error te podrás levantar más fácilmente y te mantendrás más positivo y abierto a descubrir más y mejores oportunidades en tu vida. En realidad, la autoestima te permitirá disfrutar de tu vida de manera emocional, intelectual y espiritual. Asimismo, serás más abierto y honesto en tus comunicaciones pues sabes que tus pensamientos y tu opinión tienen valor.

La gente con baja autoestima actúa en base a lo que otros quieren para ser aceptados o para probar que, si valen, por lo tanto, no están en contacto con sus propias necesidades y valores. Asimismo, es más difícil para una persona con baja autoestima que se pueda comunicar claramente, pues no siente que su opinión es importante o por la ansiedad de que la otra persona no vaya a aceptar que lo dice es cierto o valioso.

Tu amor propio y tu autoestima tienen una gran repercusión en tus relaciones personales, pues tendemos a sentirnos más confortables y atraídos a gente que tiene nuestro mismo nivel de autoestima. Esto no se hace de manera consciente, pero nos sentimos más a gusto con gente que opera con nuestra misma visión. Lo que genera ciertas experiencias repetitivas en tu vida, como el mismo tipo de relaciones amorosas o ciertas experiencias repetitivas a nivel laboral.

Tú eres amor puro

A pesar de cómo te veas en este momento o las creencias que tengas acerca de ti mismo, el amor es quien eres en esencia. El elegir el amor es elegir sentirte más completo. Esta elección es aceptarte y respetarte a ti mismo y en consecuencia aceptar y respetar a los demás. El día de hoy puedes elegir ser amor, permítete ser tú mismo sin prejuicios, sin limitaciones y sin exigencias.

A través de este libro te darás cuenta de que no es necesario esperar a que las demás personas cambien, no es necesario esperar a que llegue la persona correcta a tu vida, no importa lo que haya sucedido en tu vida que te haya hecho pensar que no podías ser amado o que no eras aceptado o perfecto. Con este proceso podrás sanar tus viejas heridas, alimentar y cuidar a ese niño interior y saber que tú eres amor y eres digno de vivir en amor y felicidad.

El expresar amor es una elección, hoy decide abrir tu corazón al amor, a aceptar quién eres realmente, un reflejo del amor infinito, de la Divinidad.

A través de nuestro propio desarrollo como seres en constante conexión con el amor infinito y por lo tanto en conexión con el amor en sí mismo, estamos eligiendo el tomar la responsabilidad de cómo respondemos a todas nuestras experiencias. Elegimos responder con amor, sin importar las situaciones o las personas con las que tengamos que interactuar. Cuando respondemos con amor, estamos en sintonía con el Universo y con el amor infinito y nos permite movernos de forma más fluida. Cuando elegimos desarrollarnos a través del amor, nos permitimos ver lo que sucede a nuestro alrededor sin juzgar, sin culpar, negar, separar o avergonzar, en su lugar podemos percibir la realidad a través de un lente de amor incondicional y aceptación que nos permitirá fluir con la vida sin resistencia.

2

BARRERAS QUE TE IMPIDEN ABRIRTE AL AMOR

Existen algunas barreras que nos impiden abrirnos más al amor y permitir que fluya en nuestras vidas. Todos podemos tener distintas razones por las cuales nos hemos cerrado al amor y hemos dejado que el miedo y la resistencia nos invada y nos impida movernos hacia adelante.

Cuando vamos creciendo vamos aprendiendo modelos y formas de pensar que heredamos de nuestros padres, cosas como los hábitos, la forma de hablar, así como actitudes y creencias. Todas estas experiencias de nuestra infancia modelan nuestro sistema básico de creencias y nuestro comportamiento en la vida adulta.

Encontramos que muchas de nuestras creencias de cómo nos vemos a nosotros mismos, la forma en la que manejamos nuestras emociones y hasta nuestra autoestima provienen de cómo crecimos, la forma en la que nos criaron y las experiencias de cuando éramos niños. Algunos mensajes aprendidos en base al comportamiento de nuestros padres nos hacen pensar que «la vida es difícil» o «venimos a sufrir» lo que hace que esas ideas formen parte de nuestra forma de actuar y de presentarnos al mundo.

Para poder abrirte más al amor y poder cambiar esas creencias de ti mismo y de la vida es necesario remover algunos bloqueos, sombras y memorias; Ho'oponopono te puede ayudar enormemente a hacer esta limpieza y a eliminar esas barreras que has construido ante el amor. Sin embargo, un paso importante antes de que comencemos a trabajar con Ho'oponopono es saber qué es lo que sucede en tu interior, cómo se forman tus creencias y cómo puedes cambiarlas, así como las principales emociones que te impiden conectarte con el amor.

El miedo

El miedo es una de las emociones universales que todo el mundo experimenta. El miedo puede generarse a partir de una amenaza, ya sea física, emocional, psicológica, real o imaginada. Al miedo, tradicionalmente, se le conoce como una emoción negativa, pero en realidad, como descubrirás más adelante, las emociones no son positivas ni negativas, más bien te sirven como una brújula; una brújula que te indica que algo anda mal y en este caso, el miedo te ayuda a reaccionar en caso de que haya un daño potencial.

El miedo es una respuesta vital al peligro físico y emocional que ha sido fundamental a lo largo de nuestra evolución como seres humanos. A medida que hemos evolucionado a lo largo de milenios desde nuestra naturaleza primitiva, nuestros miedos y temores no han evolucionado de forma similar. Hoy en día ya no necesitamos de este miedo instintivo para sobrevivir en el mundo, pero aun así esta ansiedad y temor está muy presente en nuestras vidas diarias, en nuestra mente y en nuestro cuerpo.

Para muchas personas, estos miedos y ansiedad dirigen y controlan sus vidas. Existen muchos miedos comunes a los que algunas personas reaccionan con respuestas extremas, o se les ha hecho tan común que viven en un constante estado de estrés o de «lucha o huida».

Algunos de los miedos más comunes con los que la gente vive actualmente, son el miedo al fracaso, miedo al rechazo, miedo a simplemente no ser suficiente, miedo a que alguien los lastime, miedo al abandono, etcétera. Tanto individual como colectivamente, los miedos son la raíz de muchos males que vemos en nuestra sociedad; las dudas y la inseguridad, el racismo, el sexismo, la discriminación, la guerra, los prejuicios son algunos de los desafíos que enfrentamos como humanidad y que generan esta división, desconexión entre nosotros mismos y perpetúan este mismo miedo.

El miedo comienza con un pensamiento, con una anticipación a que algo inesperado o a que algo malo pueda suceder en nuestras vidas. El problema con el miedo es que después de mantener ese pensamiento durante un tiempo prolongado surge una emoción de ansiedad, pánico, terror, angustia y preocupación. Y como a muchas personas les sucede, esta forma de sentir se hace tan común que se va integrando como parte de la personalidad o el cómo reaccionas a las situaciones diarias.

Si mantenemos esta emoción de miedo, es posible que vivamos encerrados en una prisión que nos impide salir de nuestra área de confort, aun cuando esta no sea muy confortable, y esto nos impide alcanzar nuestro verdadero potencial. Vivir con miedo causa un círculo vicioso en el que no estás satisfecho con tu vida actual, pero temes buscar algo mejor, prolongando así la insatisfacción y la tristeza en general.

Gran parte de tus valores, tu sistema de creencias y hasta los miedos se forman durante la infancia. Muchos de los miedos son aprendidos y son «heredados» de nuestros padres. Cuando tus papás tienden a sobreprotegerte, aun cuando sea con la mejor intención, en realidad te hacen desarrollar esos miedos en ti mismo, en lo que haces y en el mundo a tu alrededor.

Adicionalmente, los miedos también los vamos adquiriendo en el transcurso de nuestra vida, debido a las experiencias que tuvimos, como accidentes, situaciones dolorosas, creencias y cualquier otra situación que te lleve a sentirte mal.

Pero si el miedo permanece en nosotros como una emoción constante entonces se convierte en un virus que nos enferma y que además se esparce rápidamente; si te das cuenta gran parte de lo que vemos en las noticias y ahora en las redes sociales es basado en miedo.

> *«El miedo nos mantiene enfocados en el pasado o preocupados por el futuro. Si podemos reconocer nuestro miedo, podemos darnos cuenta de que ahora estamos bien. En este momento, hoy, todavía estamos vivos, y nuestros cuerpos están trabajando maravillosamente. Nuestros ojos todavía pueden ver el hermoso cielo. Nuestros oídos aún pueden escuchar las voces de nuestros seres queridos.»*
> Thích Nhất Hạnh

Son estas noticias y esta información que vemos circular hoy en día lo que hace que este sentimiento de miedo nos invada cada vez más y más. El miedo es capaz de convencernos de que algo malo va a suceder y que no podremos hacer algo para evitarlo o que hay alguien haya afuera que quiere lastimarnos. Y esto nos genera un sentimiento de impotencia ante cualquier circunstancia o de sentirnos sin poder para cambiar nuestras vidas.

En general, vivimos con miedo de amarnos a nosotros mismos, a nuestro prójimo, al planeta, al éxito. Estos temores instintivos de nuestros ancestros, hoy en día se traducen en sentir que no estamos a salvo, sentir que podríamos ser lastimados si demostramos amor o si nos permitimos sentir, o si nos involucramos con los demás. Nos vamos convenciendo poco a poco de que el mundo es un lugar peligroso para vivir.

Es este miedo el que se traduce en tener dudas e incertidumbre cuando queremos emprender algo; es decir dudamos de nosotros mismos y de nuestro propio poder para realizar las cosas. Dudamos que en el futuro nos vaya bien, o que podamos lograr lo que deseamos, etc. Esta duda en nosotros mismos nos mantiene paralizados, aun cuando estas dudas o temores que mantenemos en nuestra mente, pocas veces se hagan realidad. Lo único que hacen es que evitemos hacer algo para mejorar o cambiar nuestra situación, nos causan temor constante al futuro, nos mantienen dudando de nosotros mismos o imaginando cosas que muy probablemente no sucederán.

Vivir con miedo puede mantenerte estancado en una situación que quisieras salir o mejorar, y te impide tener una vida satisfactoria o vivir plenamente.

> «Hay dos fuerzas motivadoras básicas: el miedo y el amor. Cuando tenemos miedo, nos alejamos de la vida. Cuando estamos enamorados, nos abrimos a todo lo que la vida tiene para ofrecer con pasión, emoción y aceptación. Necesitamos aprender a amarnos a nosotros mismos primero, en toda nuestra gloria y con nuestras imperfecciones. Si no podemos amarnos a nosotros mismos, no podemos abrirnos completamente a nuestra capacidad de amar a los demás ni a nuestro potencial para crear. La evolución y todas las esperanzas de un mundo mejor descansan en la valentía y la visión abierta de las personas que abrazan la vida».
> John Lennon

La respuesta al estrés

Lo cierto es que el miedo es una repuesta natural y un mecanismo de supervivencia. Cuando nos enfrentamos a una amenaza, nuestro cuerpo reacciona de formas específicas que nos ayudan a estar alerta y a poder sobrevivir. A esta respuesta también se le conoce como la respuesta al estrés o de lucha o huida.

El Dr. Hans Selyé fue uno de los pioneros en la investigación del estrés y la respuesta biológica de nuestro cuerpo ante él. Esta respuesta pudo demostrar la conexión íntima entre el cuerpo y la mente. Cuando tu mente percibe una amenaza, tu cuerpo responde con una reacción de emergencia. Esta respuesta al estrés incluye respuestas físicas y de pensamientos a tu percepción de diversas situaciones. Este es el primer paso que tu organismo hace para lidiar con algo que tu mente le dice que es peligroso.

Una situación estresante, ya sea algo ambiental, como una fecha límite de trabajo, o psicológica, como la preocupación persistente de ir a un trabajo que no te gusta o asistir a un lugar conflictivo, puede desencadenar esta respuesta de estrés que como verás producen cambios fisiológicos en ti. Un incidente estresante, aun cuando sea únicamente mental, puede hacer que tu corazón palpite fuertemente y que tu respiración se acelere. Puedes sentir cómo tus músculos se ponen tensos y hasta comienzas a ver como tus manos o tu cuerpo suda.

Cuando se activa la respuesta al estrés, tu cuerpo activa una parte específica de tu sistema nervioso llamada sistema nervioso simpático, que a su vez hace que tu hipotálamo y las glándulas pituitarias liberen adrenalina y cortisol. Tanto la adrenalina como el cortisol atraviesan tu cuerpo para prepararte para luchar o huir (de ahí el nombre de estado de lucha o huida). (Harvard Medical School, 2018)

Esta «respuesta de lucha o huida» hace que tu corazón lata más rápido, tus vasos sanguíneos se contraigan y aumente tu presión arterial, tus pulmones se expandan, tus pupilas se dilaten y tus músculos se energicen. Como lo puedes ver todo tu cuerpo se pone en alerta. Una vez que la amenaza percibida ha terminado, tu cuerpo vuelve a la normalidad.

Lo cierto es que esta respuesta al estrés es necesaria cuando nos protegemos de un daño real o un daño físico, pero en la vida diaria esta respuesta trabaja en tu contra. Es posible que cuando sientas ese estrés constante de tu trabajo o de tu vida personal, tu organismo encienda la alarma de lucha o huida, aun cuando en realidad no la necesites. Como resultado, tu cuerpo percibe algo como una emergencia cuando realmente no lo es. Es posible, que pueda encenderse cuando solo estás pensando en eventos pasados o futuros, cuando recuerdas un incidente dramático o imaginas que algo va a sucederte el día de mañana, pues tu mente no sabe si está sucediendo en este momento o no, simplemente hay una reacción emocional a lo que está pasando por tu mente.

En el caso del estrés crónico, es decir, cuando se cree que el peligro nunca va a desaparecer y siempre hay una amenaza u otra, el cuerpo entra en una etapa de resistencia. El cuerpo se comienza a adaptar al estrés crónico al aumentar la producción de varias hormonas como el cortisol, la hormona del crecimiento, la aldosterona y la hormona tiroidea. Estas hormonas comienzan a usar sus reservas de energía, manteniéndote alerta.

Los problemas reales ocurren cuando tu cuerpo ya no puede seguir así y entra en la etapa de agotamiento. En esta etapa, comienza a experimentar lesiones duraderas en múltiples órganos. La sobrecarga crónica de hormonas conduce a la depresión, diabetes, artritis reumatoide, enfermedades cardíacas, cáncer, enfermedades gastrointestinales, dolor de cabeza, trastornos del sueño, un mayor riesgo de infección y desgaste muscular con fatiga. La respuesta al estrés que fue inicialmente el intento de tu mente para lidiar con una amenaza o algo que se percibió como un peligro, cuando no se controla, finalmente causa lesiones crónicas. (RON AMES, s.f.)

El estrés crónico realmente puede dañar tu cuerpo.

Esta respuesta de estrés puede venir desde la infancia; cuando un niño está en peligro y se siente atrapado, estas respuestas de supervivencia se activan. No son respuestas conscientes; a menudo se activan sin que el niño lo sepa.

Bajo estrés, todos podemos perder nuestra capacidad de mantener la calma, reflexionar y responder con flexibilidad. Pero los adultos que fueron traumatizados o tuvieron una infancia violenta o de inestabilidad emocional a menudo son más sensibles al estrés. Eso se debe a que su respuesta de lucha o huida fue reactivada repetidamente. Por lo tanto, es como si esta alarma se hubiera mantenido encendida. Muchos adultos hoy en día viven en alerta máxima y es posible que se sientan muy estresados a causa de lo que para otros pueden ser estresores triviales en la vida cotidiana.

El punto es que, para muchas personas, estos desencadenantes le recuerdan al sistema nervioso el trauma vivido con anterioridad. Devuelven a la persona a una respuesta al estrés basada en el miedo, al igual que durante el trauma original. Muchas personas vuelven a experimentar aspectos del trauma original, como si ocurriera en el presente. La mayoría de las veces esto sucede aun sin ser consciente de que esto está sucediendo. Cuando los factores desencadenantes no son obvios para la persona u otros, es posible que pensemos que la persona está reaccionando exageradamente sin razón aparente, pero existe ese acondicionamiento en su mente que los lleva a actuar así o a mantener ese estrés en sus vidas.

Es por eso por lo que hoy en día hay tantas personas sufriendo de estrés crónico, insomnio, ansiedad, depresión, y otros problemas involucrados con este estado de lucha o huida.

Recuerdo que en mi adopción de alimentación intuitiva como forma de aceptación de mi cuerpo y aprender a relacionarme con la comida de manera diferente, aprendí que el estrés también provoca obesidad. De acuerdo con algunas investigaciones, los niños que tuvieron infancias poco saludables y donde este sistema de lucha o huida era constantemente desencadenado, se ha comprobado son más propensos a sufrir de obesidad en su vida adulta. Esto es porque el cuerpo está constantemente secretando cortisol y el sistema nervioso siempre está en alerta, por lo que en estos casos se tiende a tener problemas de sobrepeso, pues el cuerpo almacena grasa como reacción al cortisol y, además, provoca que la persona recurra a la comida para manejar las emociones negativas. Por eso, parte de este proceso de reconexión con el cuerpo es el de reconocer las emociones y desarrollo de inteligencia emocional para ir ayudando a remover ese estrés continuo y permitir que tu cuerpo pueda trabajar de forma natural.

Quiero añadir que, si tú te has dado cuenta de que sufres de ansiedad o estrés crónico es necesario que pidas ayuda profesional, pues como te diste cuenta esto tiene un gran efecto en tu vida y afecta tu salud física y emocional.

Decide abrirte al amor

Todos tenemos de alguna forma alguna creencia que nos limita. Este tipo de creencias están basadas en el miedo y nuestra mente reacciona como si en realidad estuviéramos en peligro para alejarnos y evitar ser lastimados.

Las creencias limitantes son una forma de tener miedo, aunque estas creencias no son malas, el hecho de que te dejes llevar por ellas puede resultar en una experiencia negativa o en que no obtengas lo que deseas.

Muchos de nosotros nos hemos dejado llevar por nuestro miedo, dejando de hacer cosas o haciendo cosas en base a él. Por ejemplo, no nos decidimos a dejar el trabajo que tenemos ahora, aun cuando no nos guste por miedo a encontrar algo peor, o el miedo a ser rechazados. Tal vez no dejas tu relación de pareja por miedo a quedarte solo o porque piensas que tienes mala suerte en el amor o que ya no hay «hombres buenos» o «mujeres buenas».

Lo cierto es que nos preocupan cosas de las cuales no tenemos el control, pero entonces dejamos que sea el miedo el que maneje nuestras vidas.

Tratando de eliminar el miedo y tratar de evitarlo no nos va a ayudar a que no lo sintamos, además como ya lo vimos, el miedo es una reacción natural que muchas veces es necesaria. No podemos desarrollarnos más y crecer espiritualmente si decidimos negar lo que es parte natural de nosotros mismos, por lo que no es necesario tratar de eliminar los miedos y todas esas emociones que consideramos negativas, más bien lo importante es reconocer al miedo como una parte importante de nuestras vidas y decidir sacarle provecho.

El miedo puede ser tu amigo, al reconocerlo así te ayuda a quitarlo del asiento conductor de tu vida. El miedo es como un niño solitario que solo necesita atención. Si no cree que tiene tu atención, actuará mal; a menudo se vuelve más fuerte y te impedirá avanzar. Pero en su lugar, puedes usar tu miedo para fortalecerte y alcanzar tus metas.

Varias prácticas espirituales abogan por hacer una declaración de bienvenida cuando te enfrentas al miedo. Solo basta reconocerlo y tomarte un momento para decir «Sé que tengo miedo, y agradezco el miedo como parte de tener la vida que deseo. Cuando reconozco mi miedo, se disipa. Incluso sin comprender exactamente por qué sucede esto, me permite avanzar con comodidad.»

Cada vez que enfrentas tus miedos y sigues adelante, te vuelves más fuerte y menos asustado. He aprendido que puedo pasar por un cambio tremendo y sobrevivir. Incluso puedo crecer como persona.

El miedo que enfrentamos es a menudo el comienzo de un cambio maravilloso en nuestras vidas.

> *«No dejes que la incertidumbre, las dudas y el miedo determine tu forma de actuar. Recuerda que más allá del miedo está la auténtica libertad.»*

Hoy en día se ha comprobado la neuroplasticidad de nuestro cerebro, es decir, la capacidad que tiene nuestro cerebro para reorganizarse a través de nuevas conexiones y el crecimiento cerebral. Es así como, aun cuando hayas sufrido una niñez no muy estable, o hayas tenido situaciones o experiencias traumáticas podrás cambiar tu experiencia y la forma en la que te sientes en el momento presente. A través de técnicas de terapia cognitivo-conductual podrás revertir los efectos del trauma en tu vida, aunque en este libro nos enfocaremos al uso de Ho'oponopono para liberarnos de las memorias, las creencias limitantes y todo aquello que te limita el día de hoy.

La única forma en que podemos sentirnos mejor es ver con otros ojos más positivos lo que está sucediendo dentro de nosotros mismos en términos de regulación emocional. Para resolver este estrés traumático, y para mejorar nuestra respuesta al estrés diario es necesario encontrar un equilibrio entre nuestra razón y nuestras emociones, es así como poco a poco comienzas a tomar el control de cómo respondes y cómo conduces tu vida.

Este proceso de mejorar la forma en la que vemos lo que sucede en nuestro interior comienza con la simple elección de abrirnos a la consciencia de lo que sucede dentro de nosotros y optar por una visión más amorosa.

Elegir el amor significa reconocer nuestros miedos y aun así decidir tomar el riesgo y confiar en que así conectados con el amor infinito lo mejor llegará a nuestra vida. El tomar riesgos no significa hacer algo extremo, significa abrirte a tu vulnerabilidad, a darte la oportunidad de experimentar las emociones y a la belleza de la vida.

La mayor fortaleza que podemos tener como seres humanos es la unidad, es elegir la conexión con el amor. El amor impulsa esta unidad y la conexión con otros seres humanos, por lo que el amor es la mayor fuerza en nuestro mundo físico. El amor es el arma secreta de nuestra humanidad. Cuando no nos permitimos amar, nos desconectamos de nosotros mismos y de los demás.

Todo el cambio comienza contigo mismo, desde adentro de ti. Todos estos miedos, todas esas creencias que nos contamos a nosotros mismos acerca de nuestro valor, nuestros talentos y habilidades, nuestro éxito, fracasos, relaciones personales y el mundo que nos rodea son historias que nos decimos a nosotros mismos basados en el miedo.

La mayoría de las personas no creen en sí mismas, no creemos que somos dignos y valiosos, así como somos, así como estamos, no creemos en que merecemos vivir una vida feliz y grandiosa, en prosperidad y abundancia. Hemos sido enseñados a vivir con miedo, y tal vez no es totalmente culpa nuestra el tener estas ideas, pero hoy que nos damos cuenta de ello, es el momento de tomar la responsabilidad de cambiar esas historias y esas creencias.

Es hora de despertar de las mentiras que esos miedos nos dicen constantemente, es hora de cambiar la narrativa de nuestra propia existencia y de convertirnos en el autor de nuestras propias vidas y tomar el asiento de conductor de nuestro destino.

Miedo por Khalil Gibran

Se dice que antes de entrar al mar
Un río tiembla de miedo.
Él mira hacia atrás en el camino que ha recorrido,
desde los picos de las montañas,
El largo y sinuoso camino que cruza bosques y pueblos.
Y frente a él
ve un océano tan vasto
que para entrar a él
no ve más que el desaparecer en él para siempre.
Pero no hay otra manera.
El río no puede regresar.
Nadie puede regresar.
Volver es imposible en la existencia.
El río necesita correr el riesgo.
de entrar al océano
porque solo entonces el miedo desaparecerá,
porque ahí es donde el río sabrá
que no se trata de desaparecer en el océano
sino de convertirse en el océano.

3

LA VULNERABILIDAD ES LA PUERTA HACIA AL AMOR

Cuando nacemos somos seres abiertos y libres, totalmente inocentes, con habilidades de ser creativos, espontáneos, amorosos, confiados y espirituales de forma natural. Sin embargo, a medida que vamos creciendo tenemos experiencias y situaciones que fueron cambiando esa actitud, haciéndonos más limitados, más introspectivos y tímidos. Aprendemos que no todos están de nuestro lado y que no todas las situaciones se desarrollarán conforme a nuestros deseos. Con el tiempo, entonces, también aprendemos a protegernos. Nos negamos a sentir nuestras emociones y nos convencemos de que las personas nos pueden lastimar y que es mejor mantenernos cerrados que experimentar el dolor.

Para mí este concepto de vulnerabilidad ha sido un parteaguas en mi vida, después de tantos años trabajando en mí misma no me había dado cuenta lo mucho que me había cerrado a expresar mis emociones

La vulnerabilidad es la puerta hacia el amor

y a permitirme ser vulnerable. Creía que la única forma de protegerme y de evitar el dolor era el evitar situaciones dolorosas o incómodas a toda costa, sin ser consciente que al negar esa vulnerabilidad también estaba cerrándole las puertas a mi lado emocional, creativo y espiritual.

Brené Brown, una investigadora especializada en vulnerabilidad, nos habla de como en nuestra cultura la vulnerabilidad la asociamos con las emociones que queremos evitar, como el miedo, la vergüenza y la incertidumbre. Sin embargo, con demasiada frecuencia perdemos de vista el hecho de que la vulnerabilidad es también el lugar de nacimiento de la alegría, la pertenencia, la creatividad, la autenticidad y el amor.

Ella explica que la vulnerabilidad es básicamente incertidumbre, riesgo y exposición emocional. La vulnerabilidad es compartir nuestras debilidades, nuestras luchas, nuestros miedos con alguien que se ha ganado el derecho de escucharlo. Cuando lo que compartimos es valorado y respetado, cuando nos sentimos seguros y escuchados, las relaciones tienen un espacio abierto para florecer.

Es cierto que se necesita un gran valor para ser vulnerable con los demás. Cuando tengo la oportunidad de ver a alguien que se permite ser vulnerable, que se permite experimentar y mostrar sus emociones no me queda más que sentir admiración por ellos. En este mundo, la forma en la que vemos a las emociones en nuestra sociedad puede ser un poco difícil el decidir abrirse a la vulnerabilidad, a dejarnos ver como somos realmente y el abrir nuestras emociones y dejar que las personas realmente nos conozcan.

La vulnerabilidad es lo opuesto a protegerte emocionalmente o más bien hacer todo lo necesario para parecer más duro y menos frágil. Al aceptar tu vulnerabilidad permites que la gente perciba tus emociones más profundas, y esto puede ser un gran camino para reconocer a tus verdaderos amigos y esas personas que tú permites sean parte de tu círculo más cercano, pero también para darle una profundidad y un nivel de satisfacción con tu vida que no puedes lograr al estar desconectado con ese lado emocional y vulnerable de ti mismo.

De hecho, en el ámbito laboral la vulnerabilidad también es considerada una virtud, pues el crear un espacio en donde tus compañeros, tus subordinados o tus empleados se sientan seguros y se sientan en confianza de expresar sus opiniones puede realmente crear un ambiente sano para trabajar y por lo tanto es posible que tengas mayor probabilidad de éxito. Te aseguro que un ambiente así, la gente que trabaja ahí florecerá y ayudará a que el negocio tenga más éxito.

> *«Muchas personas temen amar, temen abrirse a otro ser humano, a un grupo o a un ideal. El autoexamen y el autoanálisis sincero y honesto, o el análisis realizado con la ayuda de otros, son los medios para descubrir y desenmascarar, y para deshacerse de estas resistencias y temores».*
> *Roberto Assagioli*

El Perfeccionismo

Todavía existe esa creencia de que entre más te esfuerces por ser mejor, por hacer lo mejor posible y por ser perfecto, esta actitud mejorará tu vida, alcanzarás más éxitos y lograrás más.

Personalmente, yo crecí en un ambiente en donde el demostrar la vulnerabilidad se consideraba ser débil, por lo que en mi vida adulta tuve una gran dificultad por expresar mis emociones, no solo en el área personal sino también en la laboral.

Al negar la vulnerabilidad en realidad me encontraba negando el lado emocional, creando un desequilibrio en mi ser, siendo más racional, más precisa y totalmente orientada a metas. Esto me llevo a desarrollar una personalidad perfeccionista, la cual me impedía reconocer mis logros, siendo dura conmigo misma y evitando esa conexión real conmigo y con el mundo.

Lejos de lo que creemos, el perfeccionismo no es algo positivo, no es algo que te ayude a lograr más o ser más exitoso, en realidad el

La vulnerabilidad es la puerta hacia el amor

perfeccionismo es una coraza de protección que nos ponemos encima para evitar el dolor, la culpa, el juicio y la vergüenza. Pensamos que el perfeccionismo nos evitará sentirnos vulnerables, en realidad lo que evita es que podamos conectar con la gente pues no nos mostramos como realmente somos.

Durante mis cursos de liberación emocional a través del tapping o EFT me pude dar cuenta que el perfeccionismo es una de esas creencias con las que crecemos que se vuelven parte de nuestra personalidad que nos impide crear abundancia en nuestra vida, pues este concepto de ser perfeccionista nos mantiene pensando que debemos ser perfectos para poder valer o merecer. Nuestro valor como individuos lo tenemos cercanamente vinculado con nuestro sentido de perfección, nuestros logros y lo mucho que podemos alcanzar.

Como todos sabemos, la perfección no es real, nadie es perfecto, por lo que no importa lo mucho que nos esforcemos para lograr la perfección, no lo vamos a lograr. Por lo que siempre estaremos insatisfechos con nuestros resultados, siempre seguiremos exigiéndonos más, y lo que es peor, muy internamente pensarás que no vales porque no eres perfecto. Al final, no importa lo que hagas siempre existirá ese sentimiento de «podría haberlo hecho mejor».

Desde este punto de vista, en donde tienes ese sentir de no haber logrado lo perfecto, entonces inconscientemente sentirás que no mereces dinero, recompensas, credibilidad y/o relaciones amorosas estables. Siempre estará ahí el «todavía no, hasta que logre ser perfecto»; crees que hasta ese entonces podrás merecer toda la abundancia, felicidad y amor que este Universo te puede dar.

El perfeccionismo se correlaciona con la depresión, la ansiedad, la adicción y la parálisis en la vida o con perder continuamente oportunidades. Se relaciona con el miedo a fallar, a cometer errores, a no cumplir con las expectativas de las personas y a ser criticado. Todo esto nos mantiene fuera del ambiente en donde podemos desarrollar una competencia y un esfuerzo sanos, es decir nos saca de la jugada y nos mantenemos siempre al margen de cualquier situación, viendo la vida desde las gradas.

En realidad, crecemos en una cultura en donde el objetivo es ser mejores de forma constante, en donde a los niños no se les enseña el desarrollo de la inteligencia emocional, sino siempre el probar ser mejor, saber más, sin importar cómo te sientas.

Hoy más que nunca, a los niños los tratan de inscribir lo más pronto posible al kínder, a que aprendan a escribir, leer, hablen múltiples idiomas, etcétera. Obligándolos a desarrollar habilidades que no van de acuerdo con su desarrollo emocional y mental, y no es porque no puedan aprender o desarrollar esas habilidades, sino que más bien estamos forzando el desarrollo de una habilidad por otra.

En lugar de desarrollar una conciencia emocional, estamos poniendo todo nuestro enfoque en el desarrollo intelectual. Hablaremos de esto más adelante, pero es seguro que el intelecto no lo es todo, y hoy en día se reconoce la importancia de la inteligencia emocional a nivel profesional y en las relaciones personales.

Al hacer la enseñanza basada en lo intelectual ignorando lo emocional, poco a poco nos enseña a negar cualquier emoción «negativa». Se nos enseña a guardar y ocultar todas las emociones, todo lo que nos pueda lastimar o lo que nos haga sentir vulnerables. Y de esa forma vamos reprimiendo muchas otras emociones, después de todo no podemos decidir únicamente reprimir aquellas emociones que no nos gustan, sino que en realidad estamos limitando todo un conjunto de emociones que nos ayudan a disfrutar la vida y vivirla de forma más presente.

Muchos tratamos por mucho tiempo ser perfectos, siempre ser mejores y sin darnos cuenta de que comenzamos a ver la vida como si todo fuera en blanco o negro, negándonos el derecho de sentir y sobre todo tratando de evitar cualquier momento que nos haga sentir incómodos.

La vulnerabilidad es la puerta hacia el amor

Me tomó mucho tiempo darme cuenta de esto, pero esta forma de actuar tratando de evitar a toda costa sentirte vulnerable, te puede llevar a limitar las experiencias diarias y aquellas en donde podemos experimentar el amor, la confianza, la alegría y la creatividad profunda. Sin que nos demos cuenta algo tan básico nos limita increíblemente en todos los aspectos de nuestra vida.

La importancia de reconocer tu propia vulnerabilidad

Es importante hacer notar que esta inseguridad que surge de sentirnos vulnerables está presente en todos nosotros, no por el hecho de evitar sentirnos vulnerables lo dejamos de sentir. Más bien, cuando tratamos a toda costa de evitar este sentir, dejamos que la vulnerabilidad dirija nuestra vida de forma inconsciente, es decir no te das cuenta, pero debido a ese miedo de sentirse vulnerable evitas hacer cosas, te reprimes, te obligas a actuar de forma más fría, te impides conectar realmente con la gente.

Así que, si no eres capaz de darle la bienvenida a la vulnerabilidad y estar dispuesto a aceptarla, entonces esta dirigirá tu vida y tú no te darás cuenta. Inconscientemente harás todo lo necesario para evitar situaciones que te hagan sentir frágil.

Esto hace que todos los días nos armemos y nos pongamos una máscara de dureza que nos ayude a evitar sentirnos avergonzados, ansiosos, con incertidumbre o con miedo. Esto genera que vayas adoptando una personalidad que realmente no eres tú y se traduce de manera general en tres formas de manejar esta vulnerabilidad: el ser perfeccionista, el permanecer adormecidos a lo largo de la vida o ver todo con una lente tan negativa que todo se convierte en tragedia e imaginando todas las cosas malas que posiblemente puedan pasar. ¿Alguna de estas te suena familiar?

Este tipo de comportamientos nos hacen sentir de alguna forma seguros o en control de los momentos diarios, pero en realidad nos hacen más daño del que nos imaginamos.

Aceptar tu propia vulnerabilidad y abrirte a ella es sumamente poderoso. Claro que también es una de las cosas que, aunque parecen fáciles, son un poco más difícil al practicarlas o mejor dicho nos puede llevar un poco más de tiempo.

En mi experiencia y después de tanto tiempo tratando de ser perfecta, tratando de ocultar mis emociones para no sentirme vulnerable, esto se hizo parte de mi personalidad. Así que el dar un paso atrás y decidir conscientemente aceptar totalmente este sentimiento de vulnerabilidad al principio me hizo sentir un poco incómoda (bueno un mucho), pero sin lugar a duda me percaté que el solo hecho de aceptarla ha sido un gran logro en mi vida.

La vulnerabilidad es un componente esencial para convertirte en un individuo más exitoso, más feliz y realizado. No se trata de que te encante sentirte vulnerable, de hecho, es de las cosas que nos hace salir un poco de nuestra zona de confort; no es necesario que la ames, simplemente que te abras a sentirla y poco a poco te sientas a gusto siendo vulnerable.

Abraza tu vulnerabilidad

A través de abrazar tu propia vulnerabilidad te abres las puertas a relaciones personales más sanas y profundas. Aun en el ambiente laboral, la vulnerabilidad te permite crear un ambiente de trabajo mucho más saludable y donde todas las personas a tu alrededor se sientan mucho más tranquilas y seguras.

La vulnerabilidad no se trata de ir compartiendo secretos o experiencias profundas a diestra y siniestra, sino más bien se trata de abrir un espacio en donde tú y la gente a tu alrededor se sientan confortables en compartir cómo se sienten realmente.

- Abrazar la vulnerabilidad te permite sentirte más conectado con otras personas y, por lo tanto, crear vínculos más satisfactorios.

La vulnerabilidad es la puerta hacia el amor

- Abrazar la vulnerabilidad mejora tus relaciones románticas e íntimas al hacerte más emocionalmente disponible.
- Abrazar la vulnerabilidad te permite ser más auténtico y honesto contigo mismo y con los demás.
- Abrazar la vulnerabilidad te abre muchas puertas que de otra forma habrían permanecido cerradas si te hubieras mantenido cerrado.
- Abrazar la vulnerabilidad te permite ser desafiado y, por lo tanto, crecer, aprender y fortalecerte.
- Abrazar la vulnerabilidad promueve el bienestar general al permitirte experimentar de todo corazón todo lo que la vida tiene para ofrecer.

«La vulnerabilidad es el único estado auténtico. Ser vulnerable significa estar abierto, para ser herido, pero también para sentir placer. Estar abierto a las heridas de la vida significa también estar abierto a la generosidad y la belleza».
Stephen Russel

La vulnerabilidad es un activo inmenso y, sin embargo, nuestros valores e ideales actuales en la sociedad lo retratan como indeseable y peligroso para nuestro bienestar. En realidad, lo contrario es cierto: nuestra vulnerabilidad nos permite amar más profundamente y fortalecernos, tener mejores experiencias y liberarnos de esas ideas limitantes que nos impiden disfrutar realmente de la vida.

El secreto hacia el amor, la dicha y la abundancia

Reír es arriesgarse a parecer un tonto.
Llorar es arriesgarse a parecer sentimental.
Acercarse a otro es arriesgarse a involucrarse.
Exponer los sentimientos es arriesgarse a exponer tu verdadero yo.
Colocar tus ideas y sueños ante una multitud es arriesgar a perderlos.
Amar es arriesgarse a no ser amado a cambio.
Esperar es arriesgarse al dolor.
Intentar es arriesgarse al fracaso.
Pero deben tomarse riesgos, porque el mayor peligro en la vida es no arriesgar nada.
La gente que no arriesga nada, no hacen nada, no son nada.
Puede ser que eviten el dolor y el sufrimiento,
Pero no pueden aprender, sentir, crecer, cambiar, amar, vivir.
Están encadenados a sus actitudes, son esclavos.
Han perdido su libertad.
Únicamente la persona que arriesga es libre.
-Autor desconocido-

4

TU VERDADERO YO

Hay una parte de cada individuo que es divina. Al aceptar las ideas y pensamientos que tenemos de nosotros mismos como ciertos aceptamos una personalidad que olvida definitivamente esta parte divina en cada uno de nosotros. Nos distraemos con nuestras historias, con lo que hemos vivido y con todo el ruido externo. Nos dejamos llevar por los miedos y seguimos pensando que somos lo que nos pasó cuando éramos niños o con lo que otras personas nos hicieron sentir.

Hoy quiero compartir contigo una historia sumamente inspiradora que te puede ayudar, así como lo hizo conmigo, a recordar quién eres realmente. A través de esta historia podemos reconectar con nuestra propia esencia y seguro que en cualquier circunstancia en la que en este momento te encuentres te podrá ayudar a conectar con tu esencia de amor.

El secreto hacia el amor, la dicha y la abundancia

El tazón de luz

Desde la antigüedad, los hawaianos creen y transmiten esta idea simple: cada niño nace con un tazón de luz. Este tazón representa tu verdadera identidad, un recipiente de luz brillante. Esta luz reside en nosotros, nos nutre y nos sostiene a través de nuestra vida, hasta que regresa a la fuente. Si a ese niño se le enseña a amar y respetar su luz, entonces crecerá en fuerza y salud y podrá hacer cualquier cosa: nadar con los tiburones, volar con los pájaros, conocer y comprender todas las cosas.

Sin embargo, si juzga sus experiencias de la vida como malas, se vuelve temeroso, preocupado, avergonzado, estresado o resentido, cada una de estas cosas representa una piedra que se deja caer en su tazón. Cada vez que se deja caer una piedra en su tazón, bloquea parte de la luz. La piedra y la luz no pueden estar contenidas en el mismo espacio.

Si continúa soltando piedras en su tazón de luz, eventualmente estará lleno de piedras, la luz se apagará y él se volverá una piedra. Una piedra no crece, ni se mueve.

Si el niño se cansa de ser una piedra, todo lo que necesita hacer es voltear el tazón y sacar las piedras, y así su luz volverá a brillar. (Denoyelles, 2012)

Te das cuenta como una idea tan simple pero profunda te puede dar una actitud más abierta y liberadora. Simplemente depende de ti en cualquier momento voltear tu tazón, tirar las piedras que te mantienen en la oscuridad, haciéndote sentir pesado y sin poderte mover.

Alina, la autora del libro en el cual leí esta hermosa historia nos explica como este pequeño cuento representa en realidad nuestra vida y quiénes somos. El tazón de luz representa nuestra verdadera esencia de luz pura, de amor puro. Cuando somos conscientes y nos mantenemos conectados a esta luz, podemos vivir en nuestro estado de libertad más alto, nuestra naturaleza divina. Las piedras en el tazón representan el dolor y el sufrimiento que nos causamos al resistir la vida, en ir contra la corriente, los pensamientos, las acciones que nos alejan de nuestra verdad, el que somos luz, en lugar de confiar en que lo mejor está sucediendo en cada momento, y al no aceptar a los demás ni a nosotros mismos como somos.

Si llenamos nuestro tazón de luz con piedras, perdemos la conexión con nuestra esencia y nos sentimos separados de la fuente del amor y de luz. La realidad es que todas nuestras experiencias, tanto dolorosas como placenteras, siempre serán parte de quienes somos. No es posible negarlas o eliminarlas. Lo que podemos hacer es liberarnos de las piedras en cualquier momento que así lo deseemos y devolver la luz a nuestro tazón para que los recuerdos de nuestras heridas ya no nos afecten negativamente.

Ahora pregúntate, ¿cómo se ve mi tazón de luz? ¿está lleno de luz o está lleno de piedras? Intenta entonces girar tu tazón de luz y vaciar todas esas piedras que están bloqueando la luz, comienza hoy a vivir en el momento presente. Toma consciencia de tus pensamientos, tus emociones y la forma en la que te comunicas con tu pareja, con tus amigos, con tu familia, con tus compañeros de trabajo, con tu jefe, con tus clientes.

Puedes aplicar este mensaje del tazón de luz en tu propia vida y comenzar a utilizar Ho'oponopono como una herramienta para retirar esas piedras de tu tazón y mantenerte con esa conexión directa a la luz y al amor divino, y así mantener tu tazón lleno de luz.

El Dr. Hew Len nos recuerda que es indispensable que recuerdes que tú en esencia eres perfecto, en realidad es la información y las memorias que se encuentran guardadas en nuestra mente subconsciente lo que no es perfecto, y esto es lo que vamos a ir limpiando con Ho'oponopono.

Cuando cambias tu interior, todo tu exterior cambia. Ho'oponopono es una fabulosa herramienta para lograr ese silencio interior que te permite responder la pregunta de «¿quién soy?» sin juicios, sin opiniones, en donde únicamente la inspiración fluye. Cuando estás en este estado de cero o vacío es que ya no te encuentras contaminado con memorias y programas que te quitan la paz. Estás en sincronía con el

Amor Infinito para que las cosas sucedan correctamente y de manera perfecta para ti.

Tu personalidad: el ego

El ego es la lente a través del cual experimentamos nuestra realidad física. En psicología, el ego es una parte de la mente la cual experimenta y se adapta al mundo, en pocas palabras es la identidad que nos damos a nosotros mismos basados en nuestras experiencias.

Es gracias al ego que podemos experimentar todas las entradas sensoriales de nuestro cuerpo, el ambiente y las necesidades físicos actuales. El ego es una pequeña fracción de lo que eres, sin embargo, cuando no nos encontramos conscientes de nuestra verdadera identidad tendemos a pensar que el ego es lo único que somos.

El ego es necesario para sobrevivir en esta realidad, pues su principal trabajo es el de protegernos y sostener esta realidad física. Pero es posible que, si lo permitimos, la consciencia se doblegue ante el ego y este será entonces el que tome las decisiones de nuestra vida, en lugar de que la consciencia en conexión con el Amor Infinito te permita actuar de forma más amorosa y segura.

Entonces el ego es esa parte de ti que transmite información sobre tu condición física a la parte más grande y permanente de ti, que también eres tú, a la que llamamos consciencia. La consciencia, como lo veremos en el siguiente capítulo, es la parte eterna de ti mismo. Esa parte de ti mismo que ya existía antes de que nacieras en este plano físico.

Estamos acostumbrados a ser guiados por nuestro ego, por todo el ruido de nuestra mente, por nuestra propia historia, por nuestros miedos, los cuales creemos que nos identifican. Repetimos nuestra historia en nuestra mente y a quien nos quiera escuchar una y otra vez, como si eso fuera nuestra verdadera identidad. Esto en realidad es nuestro ego.

Por ejemplo, reflexiona un poco, qué pasa cuando te preguntas ¿quién soy? ¿qué es lo primero que surge en tu mente? Los adjetivos con los que te has definido por toda tu vida, las cosas que tus papás te dijeron, tus amigos. Sé consciente de que muchas de estas cosas son adjetivos negativos que hemos ido aprendiendo a identificar como parte de nosotros, asimismo, puedes encontrar que parte de esta descripción de ti mismo surge de tu historia, de tus fracasos, de tus éxitos, etcétera. Nota cuántas veces te refieres a tu historia para identificarte a ti mismo.

En realidad, esto solo es una memoria y cosas aprendidas, la verdad es que tú no eres esas cosas, esos adjetivos, esas creencias, esas historias.

«Tú eres tres personas: La persona que tú crees que eres; la persona que los otros creen que eres, y la persona que Dios sabe que eres»
Anónimo

Cuando dices «soy un guardia de seguridad», «soy un ingeniero», «soy un CEO», «soy papá o mamá de...», «soy un escritor», «tengo esta enfermedad», «me traicionaron», son solo parte de tu identificación con tu ego, con tu personalidad. El ego piensa que tú eres esas etiquetas con las que te describes, las cosas que tienes, tu estatus, tu condición, tu apariencia física, tus relaciones personales, tus experiencias, tus historias, tu conocimiento, etcétera. El ego dice: «Yo tengo, por lo tanto, yo soy, y entre más tengo más soy». Lo cierto es que no puede haber algo más alejado a la realidad.

Cuando piensas ¿quién soy yo?, si piensas que eres un ser indefenso y sin poder, eso es lo que manifiestas. En realidad, eres un ser hecho a imagen y semejanza de Dios, y este Dios te ha dado libre albedrío para manifestar lo que desees en tu vida. Eres un ser creador y para mí personalmente, a eso vienes a esta vida, a darte cuenta de que tienes el poder de crear y manifestar lo que deseas. Vienes a experimentar esa naturaleza divina, que, como un ser hecho a imagen y a semejanza de la Divinidad, también la eres.

> *«Nos creemos separados, incluso aislados, y esa es la causa de nuestro sufrimiento. Pero la realidad exacta es que estamos envueltos, entretejidos y en último término hechos de Dios»*

Si analizamos todas esas reglas basadas en nuestro ego tendemos a pensar que nuestra felicidad depende de cuanto dinero podamos acumular y en las posesiones que podamos adquirir. Es el ego y la identificación con nuestra personalidad lo que nos hace desear tener siempre más. Es el ego el que nos hace culpar a los demás por las cosas que suceden en nuestra vida y la falta de felicidad. Es el ego el que nos hace estar enojados con el gobierno, la gente rica y los políticos por la falta de dinero en nuestras vidas.

Si continuamos identificándonos con el ego encontraremos que es casi imposible tener tranquilidad y alcanzar un equilibrio en nuestra vida. Nos encontraremos en un circulo vicioso de miedo y ego que nos mantiene encadenados al pasado reviviendo nuestros errores y fallas, y con miedo hacia el futuro pues no podemos confiar en que algo mejor nos espera. Este circulo vicioso impide que tengas paz, intimidad y amor en tu vida.

El siguiente ejercicio te ayudará a percatarte de que tú eres más que tus pensamientos, con el simple hecho de observar tu actividad mental.

Cierra los ojos por un momento y observa lo que estás pensando, observa cuántas ideas pasan por tu mente o cómo mantienes una idea en ella. ¿Puedes ver que esta actividad, o voz en tu cabeza, es automática, compulsiva y nunca se detiene? (Tolle, 1998)

Comprende profundamente que no eres tú sino tu mente generando una corriente incesante de pensamientos en tu espacio de consciencia, en función de tu condicionamiento. Aquí hay otro punto para reflexionar: si eres el «observador» de la voz, los pensamientos, las reacciones y las emociones (observadas), ¿cómo puedes ser ellas?

La sombra

Ahora que estamos hablando de la personalidad, un aspecto importante que me gustaría que conocieras es el de la sombra. Este término se refiere a los aspectos positivos y negativos que todos llevamos dentro.

En el campo de la psicología, una sombra es un término utilizado para referirse a las partes dentro de nosotros que podemos tratar de ocultar o negar. El nombre fue originalmente acuñado y explorado por el psiquiatra y psicoanalista suizo Carl Jung.

En resumen, la sombra humana es nuestro lado oscuro; nuestro yo perdido, olvidado y negado. Tu sombra es el lugar dentro de ti mismo que contiene todos tus secretos, sentimientos reprimidos, impulsos primitivos y partes consideradas «inaceptables», «vergonzosas», «pecaminosas» o incluso «malvadas». Este lugar oscuro que acecha dentro de tu mente inconsciente también contiene elementos reprimidos, emociones rechazadas como la ira, los celos, el odio, la codicia, el engaño y el egoísmo, y las heridas sufridas desde la infancia.

Podríamos entenderlo como el lado oscuro de uno mismo, que sin importar lo que decimos o cómo nos queramos ver, todos tenemos un lado oscuro en nuestra personalidad.

Carl Jung creía que cuando la sombra humana es rechazada, esta tiende a sabotear nuestras vidas. El reprimir o suprimir la sombra de uno mismo puede provocar adicciones, baja autoestima, enfermedades mentales, enfermedades crónicas y hasta neurosis.

Todos los días tratamos de esconder esas cosas que no son aceptables dentro de nosotros mismos, ya sea socialmente o simplemente porque no queremos reconocer que tenemos esas cosas que nos hacen sentir mal. Estas cosas negativas son parte de nosotros, pero nos empeñamos en esconderlas o pensar que no existen. La sociedad nos dice que nos enfoquemos en las cosas positivas, que el tener emociones negativas está mal, pero esto no nos ayuda. Al contrario, nos hace enterrar esas emociones negativas dentro de nosotros mismos, forzándolas a que vivan ahí y nos sigan dañando desde lo más profundo.

> *«Debajo de nuestra máscara social que usamos todos los días, tenemos un lado oculto de la sombra: una parte impulsiva, herida, triste o aislada que generalmente tratamos de ignorar. La Sombra puede ser una fuente de riqueza emocional y vitalidad, y puede ser un camino hacia la curación y una vida auténtica».*
>
> *Steve Wolf*

La sombra es precisamente esa parte de ti de la cual no eres consciente o esas partes de tu personalidad que rechazas sin siquiera saberlo. Según la teoría de Jung, nos distanciamos psicológicamente de esos comportamientos, emociones y pensamientos que encontramos peligrosos.

En lugar de confrontar algo que no nos gusta, nuestra mente consciente finge que no existe. Los impulsos agresivos, imágenes mentales tabú, experiencias vergonzosas, impulsos inmorales, miedos, deseos irracionales, deseos sexuales inaceptables: estos son algunos ejemplos de aspectos sombríos, cosas que las personas tienen pero que no admiten que las tienen.

Si no eres capaz de poseer esa parte de ti mismo que no quieres ver, por ejemplo, el ser egoísta, entonces esa parte saldrá y se verá reflejada en tu vida de distintas formas. En este caso relacionándote con personas que son egoístas o sintiendo que tú no eres suficiente. Es así, como al rechazar estas partes negativas de nosotros mismos, les permitimos tomar control de nuestra vida. Únicamente a través de reconocerlas y hacer las paces con ellas es como podremos cambiar.

En mi vida personal me pasaba que siempre me topaba con gente que hablaba sin saber, que querían tener la razón a toda costa o que opinaba sin siquiera haber escuchado lo que se discutía. Eso me desesperaba demasiado, de hecho, solía detestar a una persona en específico que actuaba de esa forma. No sabía de qué forma yo demostraba este tipo de comportamiento o qué era lo que tenía que arreglar en mí que me ayudará a dejar de ver estas características en otras personas o qué hacía que mi relación con dicha persona fuera difícil. Fue hasta que comprendí que la sombra no es que tú tengas esos comportamientos y te niegues a verlos, aunque también puede ser así, sino que, como en mi caso, hay algo que temes tanto como el miedo que yo tenía a que la gente pensará que yo era tonta o ignorante, lo que me hacía ser demasiado dura conmigo misma y por lo mismo con la demás gente. No permitiéndome cometer errores, no permitiéndome hablar por miedo a hacer el ridículo. Fue hasta este momento en donde me di cuenta cómo la sombra puede reflejarse en nuestras vidas, cómo estas ideas que pasan desapercibidas nos hacen tener experiencias desagradables y toparnos con el mismo tipo de gente o circunstancias.

El negar lo negativo o aquello que no te gusta, el esconder tus miedos o negarlos, el forzarte a ver únicamente lo bueno te impide ir a lo más profundo de tu ser y sanar. Para tocar las profundidades de nuestro ser, debemos estar listos a explorar lo más profundo de nuestro interior a través del desarrollo de nuestra propia consciencia, a través de tomar la responsabilidad de nuestras emociones y nuestras acciones. Para estar verdaderamente en paz, necesitamos ponernos en contacto con nuestro lado oscuro, en lugar de reprimirlo.

> *«El pensamiento positivo es simplemente la filosofía de la hipocresía: dale el nombre correcto. Cuando tienes ganas de llorar, te enseña a cantar. Puedes lograrlo si lo intentas, pero esas lágrimas reprimidas saldrán en algún momento, en alguna situación. Hay una limitación a la represión. Y la canción que estabas cantando no tenía ningún sentido; no lo sentías, no nació de tu corazón.»*
> Osho

Mucha gente piensa que el pensar positivo es estar siempre con una sonrisa en la cara, que nunca puedas sentir enojo o tristeza o que siempre te sientas bien, pero en realidad esto no es real, ni saludable y a la larga puede afectarte y generar depresión, ansiedad y otros síntomas físicos. El evitar las emociones nos impide desarrollar una inteligencia emocional y nos hace sentir reprimidos internamente.

Lo más importante de todo esto es, que no podemos eliminar esta sombra, ella siempre estará ahí como parte de nosotros. Pero lo que no nos ayuda es mantenerla en la oscuridad, es necesario traerla a la luz para integrarla y para que no nos impida crecer y desarrollar una vida más equilibrada.

Para muchas personas, negar su ser interior es el camino que generalmente eligen, pero algo que te puedo decir, es que el aceptar quién eres realmente y trabajar en amarte y desarrollar todas las partes de ti mismo te ayudará enormemente a mejorar tu autoestima, a tener más confianza en ti mismo, y así a poder desarrollar un equilibrio emocional, espiritual y mental que te llevarán más lejos de lo que antes podrías haber llegado.

La transformación, que muchos de nosotros estamos buscando, no proviene de un lugar de negación. Viene de un lugar de aceptación. Cada cosa que te irrite de ti mismo, cualquier cosa que te cause estrés es una maravillosa forma de aprender de ti mismo y abrirte a la posibilidad de sanar. Esas cosas que nos hacen desesperar, que nos irritan o que no toleramos en los demás son pistas que podemos utilizar para crecer y para desarrollar nuestra conciencia.

Al aceptar esta sombra seremos capaces de arrojar luz sobre nuestro lado oscuro, en lugar de pretender que todo está bien, y que somos únicamente luz.

5

LA CONSCIENCIA Y LA MENTE CONSCIENTE

La consciencia es el reconocimiento de nuestra propia existencia ya sea interna o externamente. La consciencia consiste en todos los contenidos físicos como los pensamientos, los sentimientos, las emociones y las acciones y es la parte eterna de ti mismo, en algunas religiones se le llama el alma. Y esta es la que sobrevive a la muerte y puede hacer las cosas más increíbles.

El mecanismo que dirige o controla nuestro campo de consciencia es lo que Carl Jung llamó el ego. De acuerdo con él, nuestro ego representa nuestra mente consciente pues comprende nuestros pensamientos, emociones y memorias de los que estamos conscientes.

Tu intelecto es la parte consciente y es la parte racional que te permite elegir lo que deseas en tu vida. Puedes elegir continuar con tus problemas o ser dirigido por tu inspiración.

Todos los días y a toda hora estás eligiendo. Si permites que todas esas elecciones se hagan de forma automática, es decir en base a tus creencias y vivencias pasadas, lo más seguro es que te enfoques en lo externo, en culpar a la gente, en tratar de cambiar a las personas, en hacer juicios, pensar, y forzar las cosas. Si estás durmiendo en vida, estás dejando que tu subconsciente la guíe.

Es tu mente consciente la que establece la relación con tu mente subconsciente. Si estás viviendo en el presente de forma consciente podrás guiar de manera positiva a tu subconsciente.

Cuando te dejas guiar por tu ego o por tu intelecto, te basas en adquirir conocimiento, pero esto no te permite asimilar y evaluar la información en relación con los problemas que puedas encontrar en tu vida diaria. Tu ego es lo que te hace pensar que tienes que tener la razón y tener siempre la última palabra, pero todo esto lo hace en base a juicios basado en memorias y cosas aprendidas guardadas en tu subconsciente.

Una de las cosas que hace la consciencia, con las que puedes comprender más fácilmente, es el soñar. Cuando sueñas, el ego se apaga y tu consciencia, que toca cada parte del universo, es la que toma el control y dirige tus experiencias de sueño. Los sueños son solo un ejemplo de tu actuación y reacción en otra dimensión que no es física. Cuando sueñas, tienes una sensación diferente. Esta sensación diferente es tu conciencia sin el ego conectado. Como puedes ver, mientras sueñas, todavía existes. Sin embargo, aquí, en los sueños, no hay ego. Entonces, puedes ver que el ego, el ser físico que necesita y quiere más, es solo una pequeña parte de un océano más grande que también eres tú. Ese océano más grande es tu consciencia.

La consciencia es la parte de ti mismo que eligió experimentar esta realidad física. La consciencia no conoce ni límites ni fronteras. La consciencia se encuentra conectada a la Divinidad, a ese Universo inmenso de amor infinito.

La Consciencia y la mente consciente

Cuando permitimos que la consciencia sea la que dirija nuestra vida, y limitamos la acción del ego es entonces cuando nos permitirnos acercarnos más a nuestro verdadero yo.

Eckhart Tolle menciona que, así como atravesamos las distintas fases del sueño mientras dormimos, pasando de un sueño profundo a uno más ligero, de la misma forma estando despiertos pasamos de un estado de inconciencia a uno de inconciencia profunda. Lo que él llama inconsciencia ordinaria significa el estar identificado con nuestros procesos de pensamientos y nuestras emociones, con las reacciones que tenemos, los deseos y las aversiones. Lo triste de esta situación es que la mayoría de nosotros vivimos así, sin darnos cuenta de que la vida se nos va en repetir constantemente los mismos pensamientos y emociones diariamente.

Cuando estamos en este plano de consciencia no nos damos cuenta de nuestra propia esencia. Estamos en un estado constante de infelicidad o de dolor constante, aburrimiento o simplemente uno de insatisfacción con la vida. El día de hoy es socialmente aceptable pasar la vida pegado a la televisión o a Netflix, al Internet, a las redes sociales para distraernos de la vida misma. Algunos optan por abuso de comida, drogas, alcohol o trabajo para no sentir el profundo vacío en el que viven.

De este estado de únicamente dejar pasar la vida, podemos pasar a un estado de profunda inconsciencia cuando algo malo sucede, alguna amenaza, pérdida o un reto mayor que llega a nuestra vida. Es ahí en donde esta falta de conciencia en nuestra esencia se vuelve realmente evidente y todas esas emociones se intensifican.

> *«Lo primero para convertirse en un maestro de uno mismo es ser más consciente de sus actos y sus pensamientos. La inconsciencia es esclavitud, la conciencia es dominio. La conciencia significa vivir siendo testigo; inconsciencia significa vivir sin un testigo».*
>
> Osho

Una forma de saber en qué nivel de conciencia nos encontramos, es el de analizar cómo reaccionamos a los retos que se nos presentan diariamente en la vida. Es decir, en lugar de pasar de un nivel de inconsciencia a uno más profundo, podemos utilizar estos retos que nos presentan una oportunidad para despertar y experimentar la vida.

Es importante aprender a mantenernos presente, a prestar atención a nuestros pensamientos y emociones constantes, simplemente ser testigos de lo que sucede en nuestro interior. Y es ahí, en este momento presente en donde te puedes dar cuenta la calidad de tus pensamientos, la resistencia que tienes al flujo de la vida, el descontento, los juicios y la proyección mental que nos mantiene alejados de vivir en el ahora. Asimismo, es así como te puedes dar cuenta de las emociones que sientes, el aburrimiento, la tensión, el nerviosismo o el descontento. Y te permitirá dirigirlas de forma más adecuada.

Los cuatro niveles de conciencia

Despertar y elevar la consciencia mientras te pones más en contacto con este lado espiritual te permite volverte más consciente y en sintonía con tu vida, tener menos conceptos erróneos, creencias falsas, miedos y traumas que dirigen tu vida sin que tú te des cuenta de ello.

Pero ¿cómo se mide la conciencia? Todos somos conscientes hasta cierto punto, y también lo son los animales. Incluso los árboles han demostrado cierto grado de consciencia, incluso si no son conscientes de sí mismos. Muchos líderes espirituales dicen que absolutamente todo lo que vemos en la Tierra tiene consciencia.

Pero cuando hablamos de elevar nuestra consciencia tanto individual como colectivamente, es necesario empezar esta evolución con cada uno de nosotros comenzando desde nuestro interior.

Los budistas mencionan que existen nueve niveles de consciencia; sin embargo, hay otros autores como el Dr. Michael B. Beckwith y el Dr. Joe Vitale que hablan de cuatro niveles o etapas de consciencia humana. Si bien es posible, estar entre dos etapas, la mayoría de las personas caen en uno de estos niveles que nos permiten comprender la conexión que tenemos con el Universo y con nosotros mismos y la oportunidad que tenemos para desarrollarla y conectarnos con nuestra esencia.

> «No estás en el universo, tú eres el universo, una parte intrínseca de él. Fundamentalmente, tú no eres una persona, sino un punto focal en donde el universo se vuelve consciente de sí mismo. Un milagro maravilloso».
>
> Eckhart Tolle

1. Eres víctima (La vida te sucede)

Cuando vamos creciendo, vamos adquiriendo esta idea de que no tenemos poder, de que dependemos de alguien más y de que no podemos elegir lo que queremos vivir. Pensamos que la vida nos pasa, que cualquier persona nos puede hacer daño, que hay malas personas que nos van a lastimar.

En este nivel sentimos que no tenemos ninguna influencia en nuestra vida y en lo que nos sucede. Somos un efecto del resto del mundo. Siempre estamos quejándonos, protestando y además nos juntamos para continuar quejándonos, protestando y fomentando este malestar emocional constante de que solo lo malo nos sucede.

En general, piensas que la vida se trata de sufrir.

Cuando sientes que la vida te está sucediendo, de repente todo se mueve demasiado rápido a tu alrededor y todos están tratando de atraparte o de hacerte daño. Los jefes en el trabajo están arruinando tu paz o tu tranquilidad, alguien de tu familia es grosero o egoísta o solo quiere molestarte, los amigos están haciéndote cosas y el gobierno es la raíz de casi todos tus otros problemas.

Todas estas son solo historias que la gente se cuenta a sí misma. No son la realidad, sino que tu subconsciente crea tu propia realidad basado en tus creencias, ideas y pensamientos constantes. Esto solo genera que tengas una actitud pesimista de la vida, que tengas baja autoestima y que vivas sin motivación real.

Esta actitud no ayuda, pues solo ayuda a manifestar más de lo que no quieres. Así es como muchas personas quedan atrapadas en esta consciencia básica, porque sus creencias alimentan la realidad que no quieren, lo que confirma sus falsas creencias sobre la vida, como «*la vida es injusta*»

2. Estás en control (Haces que la vida suceda)

Te comienzas a despertar y comienzas a buscar más información que te ayude a conectar con tu propio ser, que te ayude a ser más consciente de tus actos y de tus pensamientos y que te ayude a tomar el control de tu vida. Comienzas a comprender que sí tienes un poder para crear tu vida y para hacer realidad tus deseos.

Tienes el poder de visualizar lo que deseas, tomar acción y lograrlo. Comienzas a experimentar la magia de hacer realidad tus sueños. Comienzas a disfrutar la vida y cae en cuenta de que tú mereces ser feliz, exitoso y amado.

Algo que puede tener un lado negativo en este nivel es que creas que puedes controlar absolutamente todo a tu alrededor, incluso a ti mismo y esto evita que puedas ser tú mismo, que reconozcas realmente tu capacidad.

En mi punto de vista personal, creo que aquí te puedes atorar, como me pasó a mí, pensando que todo es mental y que tú puedes lograrlo todo sin ayuda alguna, te separa un poco del lado espiritual o previene que conectes con tu verdadero yo. Podría también desatar sentimientos de ser demasiado duro contigo mismo y sentirte culpable si no ves hecho realidad lo que deseas y no ves recompensa a todo tu trabajo físico e intelectual.

3. Abierto (La vida sucede a través de ti)

Te percatas de que aun cuando tienes el control, aun así, hay cosas que no puedes controlar. Pero, también eres capaz de comprender que aun cuando sucedan cosas que no están en tu control, siempre hay algo positivo en ello. Confías que hay un poder más grande que cuando te rindes hacia él, más cosas buenas comienzan a pasar en tu vida.

La Consciencia y la mente consciente

Comienzas a reconocer que si sigues tu intuición y tu inspiración puedes alcanzar aun cosas más grandes. En esta etapa, los milagros suceden. Vives en constante estado de gratitud y maravillado con los resultados y con la magnifico que resulta tu vida.

Personalmente, creo que este punto te permite sacar ese lado emocional que muchas veces hemos tratado de evitar por miedo, pena o simplemente porque no estamos conscientes de ello. Así como pasamos la vida tratando de no ser vulnerables, en este nivel adviertes que es precisamente la apertura a esas emociones las que te permiten profundizar tus experiencias.

Al conectar con tu lado emocional, te permite conectar con la Divinidad y realmente reconocer ese amor puro e infinito, que es la Fuente de donde tú provienes. En esta etapa te das cuenta y vives realmente que tú no eres solo mente o cuerpo, sino que eres un ser divino que está en constante conexión con el Universo o Dios.

En este nivel puedes lograr este entendimiento de quién eres realmente, y eso te da una paz y tranquilad interior que no habías sentido antes. Te permite levantarte cada mañana con una actitud de agradecimiento, sintiendo paz, felicidad y ganas de vivir ese nuevo día. No estás esperando a que las cosas pasen, ni tampoco estás tratando de controlar tu vida a toda costa. Vives de forma natural siguiendo y disfrutando cada momento que se te presenta. Lo que no te gusta o las cosas inesperadas las ves como una oportunidad para crecer y desarrollarte más como indivduo. Te sientes vivo, te sientes libre y te sientes profundamente conectado con el Universo.

En este estado ilimitado, tienes una visión clara que te empuja hacia adelante, sin embargo, estás contento en donde estás ahora. Te conectas con ese sentido profundo e intuitivo de lo que deberías estar contribuyendo a este mundo.

Cuando estás en este estado, tienes una misión, una visión de vida clara y te permites encarnar este propósito completamente que pareciera que el Universo te respalda, por que en realidad así es.

4. Despierto (Tú eres la vida)

Una vez que te has comprendido que estás abierto a las posibilidades, todo en tu vida fluye naturalmente, entonces así te abres a la posibilidad de alcanzar este nivel último de consciencia. En esta etapa tu ego se une con la mente Divina, eres consciente de que tú eres la vida misma, que no estas separado de nada de lo que ves a tu alrededor. La naturaleza, los animales, los individuos y todo lo que experimentas está conectado a la vida, y la vida se está experimentando a si misma a través de ti.

Todo es amor, todo es perfecto. Viendo desde afuera no podemos determinar quien está en esta etapa. Para llegar a esta etapa lo único que podemos hacer es limpiar, limpiar y prepararnos.

A este estado del ser también se le conoce como Iluminado, auto-realizado o como una persona sin límites. No hay nada específico que debas hacer, lograr o tener. Todo lo que tienes que hacer es confiar en el Universo y simplemente ser.

A través de Ho'oponopono podrás ir trayendo más consciencia a tu vida y te percatarás de que nunca te ha faltado la armonía, la felicidad y la abundancia, simplemente pensaste que no la tenías. Toda la alegría, la claridad, la vitalidad y la abundancia que anhelas siempre han estado contigo, aquí y ahora. Simplemente no lo has visto porque has dejado que todas esas memorias, recuerdos y creencias almacenadas en tu subconsciente dirijan tu vida.

6

EL ORIGEN DE TUS PENSAMIENTOS: TU SUBCONSCIENTE

La mente es un sistema súper poderoso que dirige la mayor parte de tu vida. Al aprender cómo funciona y saber qué es lo que hace, te darás cuenta cómo le puedes sacar el mejor provecho para poder ser más feliz, más exitoso y eliminar todo lo que te bloquea en tu vida hasta este momento.

Para mí ha sido grandioso el darme cuenta la importancia de entender bien cómo se desarrollan nuestros sistemas de creencias, cómo funcionamos día a día y cómo podemos cambiar nuestros hábitos y nuestras ideas. Esto te ayuda a comprender la importancia de nuestra niñez en nuestra situación actual, por qué nos comportamos cómo lo hacemos o por qué nos cuesta tanto cambiar ciertas cosas que sabemos no nos hacen bien y la importancia de poner atención en cómo educamos a nuestros hijos.

Para profundizar un poco más en el pensamiento y el gran efecto que tiene en tu bienestar me gustaría comenzar a definir algunos conceptos que te ayudarán a comprender cómo nuestros pensamientos constantes van formando nuestra vida y la forma en la que nos comportamos.

Cómo funciona tu cerebro

¿Sabías que una persona promedio tiene alrededor de 60,000 pensamientos al día? La realidad es que, el 90% de estos pensamientos son cosas repetitivas que pensamos una y otra vez. Tu mente es una maquina increíble que constantemente está produciendo ideas y pensando, el único desafío es que la mayor parte del tiempo no estamos conscientes de lo que estamos pensando.

El tallo cerebral o la parte inferior del cerebro (que forma una conexión entre el cerebro y la médula espinal) es responsable de las funciones biológicas como comer, respirar, dormir, instintos más bajos y reflejos.

El sistema límbico es una serie de estructuras corticales que rodean el límite entre el hemisferio derecho y el izquierdo y está involucrado en la motivación, la emoción, el aprendizaje y la memoria. Es el principal responsable de la interpretación subconsciente de los estímulos de los cinco sentidos.

La corteza cerebral es la parte que participa en las funciones cerebrales de orden superior, como la percepción sensorial, la cognición, la generación de comandos motores, el razonamiento espacial y el lenguaje. Es el centro principal para tu control cognitivo consciente.

Se ha comprobado que nuestros cinco sentidos producen 11 millones de bits de información por segundo. Todos estos se procesan en el sistema límbico. De los cuales, solo se pasan 40 bits por segundo a la corteza prefrontal para un procesamiento consciente (pensamiento, planificación, razonamiento, etc.).

Esto significa que el 99.9% de toda la información de los cinco sentidos se procesa inconscientemente. Ahora, esta es una información tremenda y que nos da una idea clara de lo mucho que nuestro cerebro es capaz.

La mente consciente es lógica, mientras que la mente subconsciente es imaginaria, emocional. La mente imaginaria construye historias y las historias no necesitan ser objetivas. Solo necesitan tener sentido conceptual.

La mente consciente busca activamente información y la entrega al subconsciente, que la recibe pasivamente, decide cómo traducirla para crear una historia completa y luego decide dónde almacenarla. No se molesta con la lógica, ese es el dominio de la mente consciente. La mente consciente se encarga únicamente de acceder esa información almacenada.

Se estima que la mente subconsciente es miles de veces más poderosa que la mente consciente. Comprender esta verdad básica abre las puertas a grandes posibilidades y a descubrir cómo podemos cambiar todo aquello que nos detiene o cosas que nos impiden mejorar nuestra vida. En la segunda parte del libro veremos como podemos hacer uso de esta información con Ho'oponopono.

Sistema de creencias

Un sistema de creencias es simplemente un patrón de historias que has aprendido desde la infancia e ideas que has ido adquiriendo a lo largo de tu vida y en base a tus propias experiencias. Es en base a tu sistema de creencias que entiendes y le das significado a las cosas que encuentras en el mundo que te rodea.

Este sistema de creencias lo has ido desarrollando con cada descubrimiento, cada interacción, cada actividad que has ido adaptando a las cosas que ya sabías y que has visto en los comportamientos de tus figuras de autoridad de cuando ibas creciendo. Cuando experimentas algo, estás también experimentando alguna historia que se relaciona con ese evento y es así como vamos viendo un sistema de patrones que tienden a repetirse. Esto es parte normal del funcionamiento de tu cerebro para darle sentido a las cosas nuevas que ocurren en el mundo y las relaciona con cosas con las que ya estás familiarizado.

Claro que este funcionamiento está ahí para ayudarnos, pero si no tenemos cuidado también puede ser perjudicial pues puede ser que tu sistema de creencias aliente a una respuesta constante de estrés, como la que te mencionaba del sobrepeso o a tener prejuicios que te impiden descubrir nuevas experiencias.

Por ejemplo, cuando miras a una persona, proyectas tu sistema de creencias sobre él o ella. Esto te ayuda a decidir si alguien debe ser abordado como un amigo o temido como una amenaza. Pero esas primeras impresiones, las creencias, los patrones y las historias que forman parte de tu sistema de creencias no son necesariamente ciertas.

Todos formamos opiniones inmediatas sobre las personas que conocemos en base a experiencias previas, nuestras culturas, nuestras opiniones previamente formadas y nuestra educación. Formamos juicios sobre las personas sin siquiera haberles hablado y sin saber quiénes son realmente y esos juicios podrían ser incorrectos.

A muchos de nosotros nos ha pasado que conocemos a una persona e inmediatamente tenemos ese sentimiento de que nos cae mal, contrariamente a nuestra primera impresión, después de un tiempo terminamos siendo muy buenos amigos con esa persona. Claro, siempre y cuando nos demos la oportunidad de ir más allá de nuestros prejuicios e ideas preconcebidas.

Si tu sistema de creencias te alienta a juzgar negativamente a una persona, entonces, por supuesto, tu comportamiento hacia esa persona reflejará ese juicio. Podrías estar en conflicto inmediato y estresante con alguien en función de un patrón de respuesta habitual desencadenado por su ropa, sonrisa o color de cabello.

Muchas veces, si las personas actúan o se visten de una manera que no concuerda con la forma en que crees que deberían comportarse o

El origen de tus pensamientos: el subconsciente

verse, lo más probable es que reacciones negativamente ante ellas. Sin embargo, lo que realmente estás haciendo es reaccionar a un comportamiento que ves en esas personas que rechazas o niegas en ti mismo. Es así, como el trabajo con la sombra te comienza a ayudar a ir cambiando tus experiencias.

Cuando te encuentres reaccionando ante un comportamiento o ante una persona en específico, puedes aprovechar a indagar en tu interior. En capítulos posteriores, te mostraré cómo integrar Ho'oponopono con tu trabajo con la sombra y el tipo de preguntas que te ayudarán a ir removiendo las memorias y las creencias negativas.

Todos tenemos opiniones sobre dinero, salud y relaciones personales. Pero estos juicios son realmente solo historias que se extienden más allá de la realidad real del evento en sí, o de la nueva persona con la que te encuentras por primera vez. Estas historias son simplemente tu sistema de creencias tratando de ayudarte a lidiar y comprender tu entorno diario. A pesar del hecho de que tu sistema de creencias parece ser cierto para ti, en realidad es solo un conjunto de interpretaciones o historias que te cuentas a ti mismo.

Tienes sensaciones internas y externas que constantemente exigen tu atención, pero lo que se crea instantáneamente en respuesta a estas circunstancias es una historia ... tu historia. Incluso tus pensamientos, a medida que surgen «de la nada», se captan de inmediato y se ubican dentro de los patrones existentes. Tu mente no registra la experiencia original como una computadora lo hace creando un nuevo registro. Más bien, tu mente recuerda la historia condicionada y la reactiva en torno al evento, la sensación o la percepción inicial y esta ahora se convierte en tu realidad. Esto sucede, aunque no seamos conscientes del evento original, de hecho, puede ser que ni nos acordemos de él, solo vemos la situación actual desde la perspectiva de esa historia.

¿Te das cuenta de que la forma en la que vivimos nuestras vidas es guiada por la forma en la que vemos al mundo? Lo cierto es que nunca vemos al mundo de forma objetiva o cómo realmente es. Solo podemos percibirlo mediante los filtros de nuestro sistema de creencias y las historias que nuestro subconsciente nos cuenta.

Tus creencias las consideras la verdad absoluta. No obstante, las historias que te dices a ti mismo son en base a tu propia verdad relativa y muy personal que reflejan únicamente la forma en la que percibes el mundo.

Nadie puede ver al mundo de la misma forma que tú lo haces. Nadie tiene las mismas experiencias, pensamientos e historias que tú tienes. La forma en la que ves las relaciones de pareja, el trabajo, las finanzas son conformadas por las situaciones y comportamientos a los que estuviste expuesto sobretodo durante tu infancia, y que provienen principalmente de tus padres y figuras de autoridad, pero en cierta medida también de tus familiares y amigos. Asimismo, los medios, la escuela, el ambiente de trabajo y la sociedad en general tienen un impacto en ese sistema de creencias. Todo esto lo vas adoptando en menor o mayor forma, hasta que finalmente creas un sistema de creencias único para ti.

El subconsciente

La mente subconsciente es un sistema de almacenamiento de absolutamente todo lo que te ha sucedido en tu vida, sobre todo aquello que ocurrió en tu niñez y adolescencia, que es cuando estás desarrollando las conexiones entre tu cerebro derecho e izquierdo, así como el desarrollo de la corteza prefrontal.

Al subconsciente también se le llama el niño interior, yo inconsciente, Unihipili (término hawaiano)

El subconsciente es la parte en donde están guardadas todas tus creencias, tus experiencias pasadas, es decir todas tus emociones y tus memorias, asimismo todas tus habilidades se encuentran almacenadas ahí. Todo lo que has visto, sentido, pensado y vivido se encuentra aquí.

Tu subconsciente también es tu sistema de guía, está monitoreando constantemente si existe algún peligro o algo que te pueda lastimar, para

El origen de tus pensamientos: el subconsciente

que inmediatamente se comunique con tu consciente y puedas reaccionar de forma apropiada.

La capacidad de tu mente subconsciente es básicamente ilimitada y está permanentemente almacenando todo lo que ocurre en tu vida. Para cuando tienes 21 años, ya has almacenado más de 100 veces el contenido de toda la enciclopedia británica.

La función del subconsciente es asegurarse que respondas adecuadamente y en base a lo que ha sido programado en él. Es decir, tu mente subconsciente hace que todo lo que dices y la forma en la que actúas sea consistente con tus propios patrones y tu sistema básico de creencias.

> «Tu mente subconsciente hace que todas tus palabras y acciones se ajusten a un patrón consistente con el concepto que tienes de ti mismo y tus creencias más íntimas sobre ti mismo».
>
> *Brian Tracy*

Tu mente subconsciente es realmente muy poderosa, porque además de contener todo lo anterior, tiene lo que se llama un impulso homeostático. Mantiene la temperatura de tu cuerpo a 37 grados Celsius al igual que mantiene tu respiración regularmente y mantiene tu corazón latiendo a un cierto ritmo. A través del sistema nervioso autónomo, mantiene un equilibrio entre los cientos de hormonas y químicos en tus miles de millones de células para que todo tu cuerpo funcione en completa armonía la mayor parte del tiempo.

Tu mente subconsciente también practica la homeostasis en el área mental, manteniéndote pensando y actuando de manera consistente con lo que has hecho y dicho en el pasado, aun cuando ya no seas un niño muchas de las cosas que aprendiste o viste cuando lo eras, serán parte de la forma en la que ves la vida y te relacionas con las personas hoy en día.

El secreto hacia el amor, la dicha y la abundancia

Según Ho'oponopono tu subconsciente, es tu niño interior, tu parte emocional. En ella se guardan todas tus experiencias, buenas y malas, agradables y desagradables. Es como nuestra base de datos de información. Todo lo que ha sucedido en tu vida desde que naciste se ha ido guardando ahí, todas tus impresiones, pensamientos, actitudes, acciones y especialmente los sentimientos y las emociones.

Jocelyn Ramnicenau en su libro, Palabras mágicas, hace una brillante alusión que me gustaría compartir contigo para que comprendas la importancia de entender estos conceptos. Imagina que tu mente subconsciente es un automóvil, y la mente consciente es el conductor. El poder está en el carro, en el motor y su potencia y no el conductor. Es importante que el conductor sepa dirigir el automóvil, al aprender a liberarse de las emociones y así poder dirigir todo su poder. De esa forma puedes aprovechar el motor y llegar más lejos, que cuando vas distraído y permites que tus recuerdos y memorias te lleven al pasado o al futuro en donde no puedes hacer nada por cambiar tu vida.

Tu mente subconsciente no es capaz de interpretar, juzgar o decidir, simplemente es una fuente de información organizada de forma que, cuando te encuentres en determinadas circunstancias parecidas a algo ya almacenado, respondas de la misma forma.

Como lo vimos en la sección del sistema de creencias, una vez que tu mente subconsciente ha grabado cierta información la convierte en un programa, y esto hace que respondas de cierta forma a situaciones diarias, tus comportamientos, tus hábitos, la forma en la que ves la vida.

Esta parte de tu mente es la que te ayuda hacer cosas sin que te des cuenta, por ejemplo, ¿te ha pasado que vas hacia tu casa, ya sea en coche o caminando, y de repente estás ahí sin que te acuerdes cómo llegaste? Eso se debe a tu subconsciente, a la forma automática en la que tu mente te dirige y te ayuda a hacer cosas sin que tú tengas que estar consciente.

Estos programas guardados en tu mente subconsciente son cosas que te permiten protegerte, es así como cuando eras niño percibías el mundo y desarrollaste una forma de protección. El punto es que ahora que eres adulto ya no necesitas la misma protección, ni la misma visión de la vida.

De hecho, toda esta programación contiene una imagen tuya limitada de ti mismo, de la vida, de lo que mereces, de si el dinero es fácil, si mereces tener una relación amorosa sana y estable, etcétera.

Tu mente subconsciente siempre está activa, aun cuando duermes, de hecho, si has utilizado la meditación o la hipnosis, sabrás que lo que tratas de hacer es conectar con tu mente subconsciente para reprogramarla. Y mucho de esto sucede cuando estás muy relajado o justo antes de que duermas.

Por lo regular, tendemos a evitar o ignorar o ni siquiera reconocemos esa parte tan importante de nosotros. De hecho, en psicoterapia, un método para trabajar muchos comportamientos y hasta depresión, ansiedad y autoestima es el de trabajar con el niño interior. Yo, personalmente, he trabajado con este tipo de terapia para conmigo misma y con mis clientes, y creo que su poder es realmente inmenso.

Creo que, por esta razón, Ho'oponopono es una herramienta y una filosofía que complementa cualquier otra filosofía o herramienta que hayas utilizado anteriormente para tu desarrollo personal o desarrollo espiritual.

Al sanar a tu niño interior, puedes manifestar lo que deseas en tu vida. Es como la llave secreta para obtener lo que deseas, para cambiar tus hábitos, tus creencias, tu imagen propia y tu realidad.

La comunicación entre tu consciente y tu subconsciente

Esta comunicación entre tu mente subconsciente y tu consciente es bidireccional, es decir que si tienes alguna idea, emoción, memoria o imagen del pasado, esto es la mente subconsciente comunicándose con tu consciente.

En cuanto a la comunicación del consciente al subconsciente esta es un poco más «difícil», debido a que esta comunicación se lleva a cabo mediante emociones. Solo aquellos pensamientos que son transmitidos a través de emociones genuinas llegan hasta el subconsciente. Y únicamente aquellos que son respaldados por una emoción fuerte se quedan ahí.

Lo malo de esto es que esto es real para las emociones positivas y negativas, y además de esto las negativas son las que tienen un mayor impacto y son más fuertes que las positivas.

Pero existen formas en las cuales podemos ir reprogramando nuestro subconsciente y utilizar de forma positiva esta grandiosa herramienta con la cual contamos.

Cómo entonces puedes cambiar tu vida al reprogramar tu subconsciente

Muchas personas creen que con el solo hecho de hablarle al subconsciente podrán cambiarlo, pero en realidad tenemos que tomar en cuenta que la mente subconsciente no funciona de la misma forma que la mente consciente. La mente subconsciente es como una máquina, registra, presiona un botón, reproduce. Entonces, si estás tratando de hablar con el subconsciente como si hubiera alguien allí, es frustrante porque no hay nadie allí que te escuche.

Estas dos mentes aprenden de manera muy diferente. La mente consciente se llama también racional y puede aprender leyendo un libro o asistiendo a una conferencia, viendo un video o leyendo un artículo. Es lineal y decisiva, dice: «Ah, tengo una idea, ahora puedo cambiar de opinión».

La mente subconsciente es una mente de hábito. Y lo más importante sobre una mente de hábito es que no desea cambiar muy rápidamente, porque de lo contrario los hábitos se desmoronan. Por lo tanto, es resistente al cambio. Eso es lo primero que tenemos que darnos cuenta. No es tan fácil cambiar como la mente racional.

Entonces, ¿cómo cambio mi mente subconsciente? ¿Cómo se aprende? Número uno: los primeros siete años la mente está operando

El origen de tus pensamientos: el subconsciente

en una frecuencia vibratoria baja como la que entras cuando estás en estado de hipnosis. Esa es una forma de cambiar el programa, poniendo a tu mente en esa frecuencia por medio de tonos de audio isocrónicos o binaurales, o hipnosis. Número dos: después de que tienes siete años, formas hábitos repitiendo algo una y otra vez. Así que la otra forma es: practicando, repitiendo, practicando.

Un ejemplo para entender un poco más esto: si leíste un libro de autoayuda, la mente consciente lo entendió, pero la mente subconsciente no aprendió nada de él, porque solo lo leyó una vez y no es así como aprende. Si repites el mensaje del libro una y otra vez y te comportas de esa manera (lo acompañas con una emoción), entonces la mente subconsciente aprenderá un nuevo comportamiento.

Entonces, se trata de la habituación, donde haces una práctica de algo, todos los días repitiendo una y otra vez. En este punto, me gustaría aclarar que es importante que te des cuenta en la emoción que estás sintiendo cuando utilizas métodos como las afirmaciones. Muchas personas las utilizan para hacer un cambio en su vida, sin percatarse que cuando repiten algo que es totalmente contrario a lo que están viviendo o que quieren cambiar, inmediatamente tienen una respuesta del subconsciente que les dice «eso no es cierto», lo cual les genera una emoción negativa y esto hace contraproducente las afirmaciones o que simplemente no funcionen.

> *«Para reprogramar la mente subconsciente, necesitas relajar el cuerpo. Liberar la tensión. Dejar ir las emociones. Llegar a un estado de apertura y receptividad. Siempre estás a cargo. Siempre estás a salvo».*
> *Louise Hay*

Ahora, también es importante que te diga que las afirmaciones y la hipnosis, pueden tomar más tiempo, pues como lo viste es cuestión de repetición y habituación. Así que, en primera, debes saber elegir ciertas afirmaciones que te ayuden a generar una emoción positiva, una visualización o una hipnosis relacionada con un tema en específico y después dedicarte a repetirla, repetirla y repetirla aún más hasta que veas un cambio.

También hay una tercera opción, y esto es lo que veremos en la segunda parte de este libro. La utilización de Ho'oponopono para limpiar las memorias y las creencias almacenadas en el subconsciente. Mediante este proceso puedes conectar con tu niño interior a través de una plática mental, y otros métodos como el de escribir con la mano izquierda, una visualización o una meditación que permita conectar con él o ella y servirte de esa conexión para limpiar continuamente tus creencias limitantes e historias que te impiden sacar tu potencial.

7

LA SUPRACONSCIENCIA

La supraconsciencia, o el padre o Aumakua como se conoce en Ho'oponopono, es la parte espiritual. Es la parte perfecta que sigue en conexión permanente con la Divinidad. Es el puente de la mente consciente con Dios, Universo, Energía o Divinidad (en base a tu sistema de creencias), es nuestro vínculo con la Inteligencia Divina. Algunos otros términos sinónimos de la supraconsciencia pueden ser: alma, súper consciencia, yo auténtico, espíritu guardián, yo superior, consciencia superior, Aumakua (término hawaiano).

El psicoanalista suizo, Carl Jung, se refirió a ésta como la «mente superconsciente». El pensaba que era ahí donde se encontraba la sabiduría colectiva y el conocimiento de todas las edades que estaban disponibles para todos.

Ralph Waldo Emerson, filósofo americano, se refirió a la supraconsciencia como el «alma superior» y escribió que «vivimos en el regazo de una inmensa inteligencia que, cuando estamos en su presencia, nos damos cuenta de que está mucho más allá de nuestra mente humana». Emerson, el gran trascendentalista estadounidense, sintió que todo el poder y la posibilidad para la persona promedio provenían de usar esta mente de manera regular.

Napoleón Hill, un escritor estadounidense, llamó a este poder la «inteligencia infinita». Después de pasar más de 20 años entrevistando a 500 de los hombres y mujeres más exitosos en Estados Unidos en ese momento, concluyó que, sin excepción, la capacidad para aprovechar esta forma superior de inteligencia infinita era la razón principal de su gran éxito en la vida de esos hombres y mujeres.

No importa cómo queramos llamarlo, este poder está tan disponible para ti en este mismo minuto como lo ha estado para cualquier persona, en cualquier lugar. Es en la supraconsciencia que nuestra creatividad y serenidad reside. Las ideas innovadoras surgen de este dominio de conexión con la Consciencia Universal.

> *«Cuando tu conciencia se dirige hacia afuera, surgen la mente y el mundo. Cuando se dirige hacia adentro, se da cuenta de su propia Fuente y regresa a casa a lo no manifestado».*
> Eckhart Tolle

La supraconsciencia es esa parte que sabe cuando todos los componentes están alineados, aun cuando tú no lo sepas, pero te encuentras en sincronía con lo Divino. La supraconsciencia conecta nuestra mente, con el cuerpo y con el centro energético. Engloba un nivel de conciencia que es capaz de ver la realidad física y material y la energía y la Consciencia Universal detrás de esa realidad.

Es cuando te permites conectar con la supraconsciencia que puedes llegar a un equilibrio y la vida comienza a fluir. La Inteligencia Divina transmuta esas memorias, te pone en un estado cero para recibir la inspiración. Si las partes de tu mente no están alineadas, no hay comunicación entre los elementos de tu Ser. Así que tu ser se encuentra fragmentado. De esta fragmentación, surgen las enfermedades físicas y emocionales y sufrimos innecesariamente.

En Ho'oponopono, la relación más importante es la del hijo con la madre, la mente consciente con el subconsciente y así de manera vinculada se puede hacer la conexión con la supraconsciencia. Para legar a conectar realmente con la supraconsciencia es necesario hacer un trabajo profundo, en donde nuestra mente se encuentre presente y en constante equilibrio con el subconsciente y es así como con Ho'oponopono vamos a enfocar nuestro trabajo en hacer florecer esta relación. De esta forma estamos alienándonos y conectándonos directamente con la supraconsciencia.

Para alcanzar este estado de supraconsciencia no lo podemos hacer utilizando nuestra mente racional o nuestra personalidad, la única forma de hacerlo es a través de la atención plena, la meditación, cantos, mantras y oraciones específicamente diseñadas para llevarnos hasta ese nivel de consciencia superior.

De acuerdo con el proceso de Auto-Identidad de Ho'oponopono, cuando estamos alineados con la supraconsciencia, la mente subconsciente, nuestro niño interior no se siente solo, triste o atormentado. Se encuentra feliz, de mano con su madre (tu mente consciente) y los dos son felices alineados con la supraconsciencia (el padre), y como uno están conectados con lo Divino.

A través de este trabajo de sanación con Ho'oponopono podrás desarrollar un entendimiento profundo de quién eres realmente, tu relación con las otras personas y todo lo que te rodea. Es así como podrás tener una perspectiva que no importa qué tipo de decisión o en qué tipo de situación te encuentres, ya sea de trabajo, de pareja o hasta una oportunidad de negocio, todo lo verás como una oportunidad para desarrollar todas las dimensiones de tu verdadero yo.

> *«No se te puede negar nada que sea perfecto, entero, completo y adecuado para ti cuando tu eres primero tu Verdadero Yo. Siendo primero tu Verdadero Yo, experimentas automáticamente la perfección en la forma de los pensamientos, palabras y acciones divinas. Permitiendo que tus pensamientos tóxicos vayan primero, automáticamente experimentas imperfección en forma de enfermedad, confusión, resentimiento, depresión, juicio y pobreza».*
>
> *Dr. Ihaleakala Hew Len*

Es a través de tu mente supraconsciente que puedes acceder a la información en tu mente consciente y subconsciente. Pero también puedes acceder a la inteligencia universal, pues esta conciencia no está dentro de ti.

A menudo cuando estamos en este estado cero o de vacío, conectados con lo divino, es cuando tenemos esos brotes de inspiración y nos llegan ideas innovadoras o ideas a seguir que nos pueden llevar mucho más lejos que cualquier otra decisión que podamos hacer conscientemente.

Frecuentemente, cuando estamos con personas que están alineadas con nuestra misma intención, somos capaces de crear ideas más grandes, profundas y con mayor impacto, pues de alguna forma nuestras mentes supraconscientes están combinadas. Es por esto por lo que, a veces cuando nos encontramos en una conferencia o involucrados en alguna conversación, nos surgen ideas e inspiraciones que saltan a nuestra mente de la nada, aunque no estén en relación directa con lo que se está discutiendo.

Yo creo que esto se da por el hecho de que al escuchar activamente estamos deteniendo a nuestra mente consciente, y eso hace que podamos dejar fluir con nuestra intuición. Son justo estas ideas e inspiración las cuales necesitamos más en ese momento de nuestra vida y simplemente las dejamos fluir al dejar de pensar automáticamente.

Tu mente supraconsciente es capaz de ayudarte a lograr tus objetivos, pues si te mantienes en alineación con ella podrás generar un flujo continuo de ideas y energía para ayudarte a avanzar. De hecho, tu mente supraconsciente es una forma de «energía libre». Esta energía gratuita está disponible para ti cuando dejas fluir tus emociones, cuando te inspiras y tienes en mente esa misión y objetivo de vida. Tu mente supraconsciente te ayudará a resolver de forma automática y continua cada problema que se vaya presentando en tu vida. Pero a la vez, tu mente supraconsciente también te dará experiencias que necesitas para tener éxito, en forma de contratiempos, problemas, frustraciones y fracasos temporales.

Tomarás consciencia que al estar en equilibrio constante encontrarás las respuestas exactas que necesitas para resolver un problema o lograr tus objetivos, exactamente cuando estés listo para ello. Cuando tu mente supraconsciente te da una corazonada o una inspiración, recuerda, esto es una ayuda divina, debes actuar en consecuencia de inmediato.

Personalmente, en ocasiones en donde olvido hacer mi trabajo con Ho'oponopono veo como es más fácil que me deje llevar por las apariencias, es decir por la situación física. Y es ahí en donde comienzo a sentir el estrés y me dejo llevar por las creencias y las emociones, siento esa impotencia de querer solucionar la situación a toda costa utilizando mi mente consciente. Como veremos más adelante, tu mente consciente no es capaz de encontrar la solución, pues ella misma es parte del problema, así que lo mejor que podemos hacer en ese tipo de situaciones es regresar a lo básico, manteniéndonos presentes, liberando las emociones negativas y encontrando la tranquilidad espiritual con Ho'oponopono.

En lugar de tratar de combatir el problema con la mente consciente, confío y limpio con mi mantra: te amo, lo siento, perdóname, gracias y así poco a poco veo la solución ante mis ojos o simplemente la situación comienza a cambiar enteramente. Esto también te sucederá cuando uses el poder de tu mente supraconsciente a través de Ho'oponopono.

El factor crítico en el uso de tu mente supraconsciente es tu actitud. Tu mente supraconsciente funciona mejor con una actitud de calma y la confianza de que todo estará solucionado de la mejor forma posible. Sin exigencias, sin expectativas.

Cuando adoptas una actitud de fe y aceptación, cuando aceptas con confianza y crees que todo lo que te está sucediendo te está moviendo progresivamente hacia el logro de tu objetivo, tu mente supraconsciente parece cobrar vida, como si todas las luces estuvieran encendidas en una habitación. Esta es la razón por la cual las personas exitosas parecen tener una tremenda claridad con respecto a lo que quieren, junto con una tremenda calma y confianza con respecto a su capacidad para lograrlo. Esta combinación de actitud activará tus habilidades supraconscientes.

8

LA DUALIDAD

El concepto de dualidad lo quiero tratar en este libro pues esto te ayudará a comprender la importancia de encontrar un equilibrio entro lo mental y lo emocional, asimismo te ayudará a entender cómo y por qué percibimos la dualidad en nuestra existencia física.

Ahora que ya hemos entendido cómo funciona nuestra mente consciente, subconsciente y supraconsciente podemos entender la relación que existen entre cada una de ellas. De igual forma, esto nos ayudará a comprender que nuestra experiencia, como este momento en el que te encuentras leyendo este libro en realidad son múltiples capas que están trabajando en conjunto para ayudarte a experimentar esta realidad. Estas capas como lo vimos son, en primer lugar, la mente, es decir la consciencia la cual es la que experimenta. La segunda capa es tu cuerpo, es decir tu cerebro, tu cuerpo, tus huesos que contienen esa consciencia, lo que te ayuda a traducir los estímulos externos en una experiencia sensorial. La tercera capa es el resto del Universo, es decir una entidad en sí misma, la cual todos formamos parte pero que no podemos percibir directamente.

La separación entre cada una de estas capas es la causa de lo que conocemos como dualidad.

Al entender este concepto de dualidad nos permite ver este Universo en el cual vivimos desde otras perspectivas. Lo más importante es comprender que estas perspectivas son relativas y es lo que hace esta separación con la realidad física.

> *«La vida es el resultado de la lucha entre opuestos dinámicos. Forma y caos. Sustancia y olvido. Luz y oscuridad. Todas las variaciones infinitas de yin y yang. Cuando el péndulo se balancea a favor de uno, finalmente se balancea a favor de su opuesto.*
> *Por lo tanto, se mantiene el equilibrio del universo».*
> *Jeru*

Qué es la dualidad

El principio de dualidad nos dice que todo lo que existe tiene un igual opuesto. Sin esta dualidad no podríamos experimentar esta realidad física, como el sol y la luna, lo femenino y lo masculino, la alegría y la tristeza, el descanso y la actividad, el nacimiento y la muerte.

En este principio de dualidad no hay ningún conflicto entre las partes, los opuestos son simplemente dos caras de la misma cosa, como el frío y el calor, la luz y la oscuridad, dar y recibir.

Al igual que con las emociones, estamos culturalmente predispuestos a juzgar la dualidad, la consideramos buena o mala, pero en realidad todo esto se debe a que no entendemos bien estos conceptos.

En realidad, es esta dualidad la que nos ayuda a percibir este mundo, así como lo hacemos físicamente. Percibimos y experimentamos esta dualidad conformada por dos polos opuestos que constantemente están interactuando entre sí.

> *«Nada es bueno. Nada es malo. Cuando esto es comprendido en tu conciencia, de repente tú estás completo, todos los fragmentos han desaparecido en una unidad».*
>
> Osho

Muchas enseñanzas espirituales nos dicen que cuando trascendemos esta dualidad es cuando podemos experimentar la Unidad. Pero para poder experimentar esta realidad física es necesario abrirnos al contraste.

Si en lugar de percibir una experiencia o situación como mala, nos damos la oportunidad de percibirla como un contraste nuestra vida cambia. El contraste es lo que nos ayuda a reconocer eso que realmente deseamos experimentar, sentir y vivir. Una vez que entendemos esto en lugar de dejarnos llevar por la negatividad del momento podemos maravillarnos por la capacidad de caer en cuenta que eso es exactamente lo que no queremos vivir.

Aun cuando ese contraste no se sienta del todo bien, en realidad puede servirte de mucho. A partir del contraste podemos reconocer nuestros deseos y ese es el primer paso del proceso de creación. El contraste y el deseo son la base de nuestra existencia en este plano físico, si no hubiera deseos no podrías crear tus experiencias.

El contraste te hace enfocar tu energía más claramente, y desde ese enfoque puedes ser más consciente de lo que está sucediendo y tu nueva preferencia.

Frecuentemente, pensamos que no deseamos experimentar esta dualidad, es decir no quisiéramos tener problemas o experimentar algo que nos saque de nuestra área de confort, pero el mundo sería muy aburrido si así fuera. Igualmente, sin dualidad no habría expansión, no habría más deseos que lograr o experimentar, y todo estaría ya hecho o listo. Es decir, tú estarías totalmente desarrollado, pero no podrías experimentarlo o saberlo a través de esta vivencia en este plano físico.

> *«Si pudiéramos eliminar el contraste, entonces eliminaríamos la elección, y si pudiéramos eliminar la elección, entonces eliminaríamos el pedir. Si pudiéramos eliminar el pedir, eliminaríamos la invocación de la Fuente, eliminaríamos el pensamiento de vanguardia y eliminaríamos la eternidad».*
> *Abraham-Hicks*

No es la dualidad la que nos causa el tener emociones negativas, la causa radica en nuestra forma de reaccionar ante esa dualidad. Esta reacción es nuestra incapacidad de encontrar un equilibrio emocional y mental al encontrar esos contrastes en nuestra vida diaria. Sin embargo, la dualidad nos provee la oportunidad de experimentar todos los regalos de la creación y nos permite elegir cómo relacionarnos con ellos.

El contraste es vida y es esencial para tu expansión como ser eterno. Como eres un ser eterno, no quieres quedarte sin deseos, y tampoco quieres quedarte sin lo que causa el deseo. El contraste hace que te concentres en una conciencia clara y nueva de lo que deseas.

La dualidad emocional y mental

Frecuentemente, pensamos que las características de lo femenino y lo masculino únicamente se relacionan con el género de cada persona, pero esto en realidad solo es una pequeña parte a lo que estas dos polaridades se refieren. Lo cierto es que todos tenemos habilidades masculinas y femeninas y todos tenemos un sin fin de posibilidades de desarrollar una combinación de estas dos características.

Estos opuestos, en específico el femenino y el masculino tienen una repercusión en nuestras vidas. El cómo piensas, cómo te comportas y lo que sientes siguen las expectativas culturales con las que creciste y tu sistema de creencias. El tomar consciencia de algún tipo de desequilibrio entre estas dos energías y el comprender cómo podemos integrarlas en tu vida te puede ayudar a vivir en armonía y eliminar comportamientos o experiencias poco agradables.

Aunque parezca un poco loco, como te decía al inicio, todos tenemos una parte femenina y una parte masculina. De hecho, tendemos a pensar que si somos mujeres entonces tenemos un cerebro femenino y si eres hombre entonces tienes un cerebro masculino. A mí me ha tocado muchas veces escuchar, como porque somos mujeres tenemos que pensar de cierta forma o podemos hacer ciertas cosas, pero yo creo personalmente que cada individuo tiene ciertas habilidades y se inclina hacia cierta energía.

En el 2016, se llevo a cabo una investigación en donde se pudo comprobar que esta creencia de que tienes un cerebro femenino o masculino no es posible. (Daphna Joel, 2015) La premisa fue precisamente esta creencia de que todos debemos pertenecer a cierta categoría basada en nuestro género, pero en dicho estudio se comprobó que independientemente de nuestro género y las diferencias que podamos tener en base a esto, los cerebros no pueden clasificarse como femenino o masculino.

Todos tenemos ciertas características que pueden ser más comunes en los hombres y otras más comunes en las mujeres, pero la verdad es que podemos encontrar un sinnúmero de posibilidades. Nuestra personalidad, actitud, intereses y comportamientos basados en nuestra infancia y nuestro sistema de creencias hacen que no haya un modelo a seguir.

Lo que si puede haber es que recurramos a ciertos comportamientos y habilidades de cierta energía y entonces exista este desequilibrio, ya sea en ser demasiado racionales o ser demasiado emotivos.

El desequilibrio de esta dualidad lo podemos experimentar tanto individualmente como a nivel colectivo. Si reflexionamos un poco, en la sociedad que tenemos actualmente, nuestros problemas sociales y el estado de conciencia a nivel colectivo se puede observar cómo existe un desequilibrio entre estos dos polos el femenino y el masculino.

Lo que vemos socialmente es un reflejo de cómo hemos devaluado lo femenino y todas sus expresiones, es decir todo lo que tiene que ver con las emociones. La baja inteligencia emocional es un resultado de cómo colectivamente hemos dado más importancia a los procesos mentales y como valoramos más la razón que la emoción y la apertura.

Así como lo mencioné anteriormente, esta realidad física se compone de fuerzas opuestas, la dualidad misma, de esta forma nos permite entender los polos masculino y femenino como parte de un todo, y cómo es necesario encontrar un equilibrio entre ellos dos para vivir en armonía, no sólo individualmente sino en el planeta.

Por mucho tiempo hemos enfatizado el lado masculino, tratando de ignorar el femenino. Y esto no significa únicamente darle la importancia a la mujer en la sociedad, sobretodo en sociedades machistas o patriarcados, sino también explorar y desarrollar las cualidades femeninas de todos los individuos sin importar su género fisiológico o psicológico. Hoy en día vemos a la energía femenina, en la sociedad a las mujeres, como el lado débil y a la intuición la descartamos totalmente como si fuera una tontería.

Todos los individuos tenemos estas dos cualidades, la femenina representada por nuestras emociones, el cuidado y la receptividad; y la masculina, representada por nuestra mente, la conciencia, la fuerza y la acción. La única forma de lograr un equilibrio en el mundo y en nuestra vida tanto individual como de pareja es la de reconocer esta diferencia de cualidades y trabajar en lograr un equilibrio en lo mental y emocional, así como en lo femenino y lo masculino.

Independientemente de nuestro sexo biológico, todos tenemos una mezcla de energía masculina y femenina, y necesitamos ambos en nuestra vida diaria. La energía masculina se caracteriza por HACER y lograr y está moldeada por la lógica y la razón. Lo femenino es más intuitivo, orientado a recibir y permitir, y se caracteriza por SER.

La Dualidad

Cuando estas energías están equilibradas, experimentamos un mayor sentido de armonía y satisfacción. Cuando están en desequilibrio, sentimos más fricción y estrés en la vida cotidiana.

«Ambas energías existen dentro de cada uno de nosotros en cantidades variables. Aprender a participar plenamente es lo que hace que una persona se encuentre bien psicológica, emocional y físicamente. Así como no operarías un control remoto con una sola batería, necesitas ambas energías como fuente de energía. Son herramientas necesarias para moldear tu vida».
Alissa Vitti

A medida que te relacionas con otras personas y contigo mismo, el estar consciente del valor, la validez y la presencia ubicua de las energías masculinas y femeninas, y cómo te pueden influenciar en un nivel profundo y emocional, esto te llevará a profundizar en tus experiencias y llevarte a un nivel más armonioso en tu vida en general.

Energía femenina

MODO SER

Intuición
Interna

Receptiva, fluidez, sentir, empatía, vulnerabilidad, creatividad.

Desequilibrio:
Impotencia, manipulador, necesitado, demasiado sensible, codependiente

Energía masculina

MODO HACER

Lógica
Externa

Proyección, enfoque, logros planeación, confianza, orientado a metas

Desequilibrio:
Agresivo, confrontacional, controlador, competitivo, microgestión.

ARMONÍA

La energía femenina

La energía femenina es por naturaleza la intuición, la emoción. El lado femenino se relaciona con el sentir, con el movimiento, con dejarnos fluir con el Universo, relacionarnos y conectar con otros individuos.

Las características principales de la energía femenina son la apertura, la libertad, la fluidez, sentirse lleno de energía vital, a veces más cuidador, a veces más intenso y libre. La esencia femenina se mueve principalmente por las emociones en una relación íntima. La fuerza femenina se trata de abrir al amor y dar amor.

La energía femenina tiende a ser poco estructurada por lo que para llevarla a un estado armonioso es necesario guiarla con la orientación que puede proveer la energía masculina. Y aquí hay que prestar atención pues el verdadero equilibrio se hace al lograr un balance, sin que uno de los lados domine al otro; en este caso no buscamos que la estructura o el raciocinio dominen al lado femenino, sino que provea una dirección.

Aunque obviamente pensamos en las mujeres cuando hablamos de la energía femenina, como te lo explicaba un poco antes, todos tenemos esa energía dentro de nosotros. No se trata de comportarte como mujer al ser hombre, sino de poner un equilibrio tanto en nuestra razón como en el desarrollo de la inteligencia emocional.

De la misma forma, a nivel colectivo, podemos traer más equilibrio al incorporar las dos energías en nuestra cultura, educación y en nuestro ambiente.

La intuición es la forma en la que podemos abrirnos más a la energía femenina. Esta es nuestro sistema de decisión interior, esa parte que está conectada con la supraconsciencia.

Cuando aceptas y fomentas la energía femenina, puedes abrirte a desarrollar muchas cualidades que te benefician a ti mismo, tus relaciones personales y finalmente a nivel colectivo, como:

- Empatía
- Cuidado

- Fluidez
- Suavidad
- Recepción
- Apertura
- Devoción
- Creatividad
- Compasión
- Comunidad
- Apertura a los sentimientos
- Apoyo
- Intuición
- Vida
- Comprensión

La energía femenina busca el compartir, el dar. Si lo vemos en las mujeres podemos ver cómo nuestra naturaleza nos lleva a dar, dar a los hijos, a la pareja, a la familia, a los amigos. Es sumamente común ver mujeres con una misión de vida de dar, dar amor, dar energía, mantener a su familia con sus necesidades cubiertas. No digo que siempre sea sano, de hecho, esto podría representar un desequilibrio, en donde la energía femenina actúa sin su contraparte masculina, la razón y lleva a las mujeres a dar sin medida, sobre sus propias necesidades físicas y emocionales.

Asimismo, podemos tener una mayor inclinación hacia la energía femenina, y esto va a desatar ciertos comportamientos que reflejan ese desequilibrio, por ejemplo, el sentirse víctima, el sentir que no se tiene poder, sentirse débil y actuar como tal, recurrir a la manipulación para tener el control, el necesitar de alguien más para sentirse bien, el ser codependiente, demostrar una hipersensibilidad o ser demasiado emocional.

Cuando eres capaz de sintonizar con tu energía femenina manteniendo un equilibrio podrás desarrollar estas cualidades que te ayudarán a mejorar tus relaciones con los demás y contigo mismo:

- Podrás atraer mejores experiencias y podrás abrirte a disfrutar más.
- Mantener ese espacio sin reglas que te limiten para que tus proyectos se desarrollen de forma natural.
- Disfrutar el proceso de creación y de realización de tus metas, no esperarás a disfrutar hasta el final a que tengas un éxito o finalices la tarea.
- Tener una visión más completa y general de la vida y de cada aspecto de ella
- Un sentido de comunidad y de trabajo colectivo.
- Conectarte con la vida de forma emocional y física, lo cual te hará un catalizador para el cambio y el desarrollo.
- Podrás relacionarte con los demás de forma más profunda al escuchar activamente, compartir y cuidar.

La energía masculina

La energía masculina, por el contrario, se trata de lo racional, la estructura, las tareas. Se relaciona con los patrones, el régimen y la rutina. Lo masculino se trata de hacer, componer y lograr.

Las características principales de la energía masculina son la presencia física, el centrarse en sí mismo, la firmeza y una sensación firme de propósito y fuerza. La esencia masculina es impulsada principalmente por una dirección en la vida, o por una misión de vida.

La lógica está sumamente relacionada con la energía masculina, pues esta se basa en hechos y razonamiento para determinar lo que es verdadero.

La energía masculina por naturaleza se inclina hacia sí mismo, por lo que prioriza lo que necesita, lo que quiere y lo que le puede servir para su propio bienestar. Esto como puedes ver puede tender a separarnos, y no estoy diciendo que todos los hombres sean así, me refiero al hecho de que todos como sociedad tendemos a ver al mundo desde el lente de la energía masculina. En donde nos dividimos y pensamos en nuestro propio bienestar, a veces pasando por encima de la naturaleza, de los animales y hasta de los mismos seres humanos.

Las peleas, el dominio, el querer ganar son características de lo masculino, y lo cual hoy como sociedad ha sido la base en la que nos hemos desarrollado. Esta energía masculina sin su contraparte femenina hace un énfasis mayor en esta perspectiva, llevándonos a pensar que la intuición no es más que una tontería sin importancia. Donde vemos que las mujeres luchan por sentirse empoderadas adoptando una actitud más agresiva; yo en lo personal he visto como las mujeres para llegar a puestos más altos «deben» ser más dominantes, más agresivas y muchas veces hasta groseras para hacerse escuchar y «respetar».

Vemos que la sensibilidad y la inteligencia emocional no se le da la misma importancia que la lógica y la razón. Cuántas veces han venido a mí mujeres que «odian» llorar en público, que me piden que les ayude a no ser tan sensibles. Yo misma, en mi búsqueda por sentirme más segura y no ser lastimada evitaba llorar a toda costa y evitaba mostrar mis emociones.

En un mundo en donde la importancia se la damos a lo masculino, nos lleva a enfatizar el individualismo, la competencia entre unos y otros por recursos limitados, en lugar de actuar de manera unida para alcanzar el bienestar colectivo.

Cuando aceptas y honras la energía masculina, puedes ver las muchas cualidades que benefician a todos:
- Liderazgo
- Acción
- Razonamiento
- Lógica
- Apertura a las aventuras
- Fuerza
- Lealtad
- Firmeza
- Supervivencia

- Confianza
- Atención
- Orgullo
- Honor
- Eficiencia
- Poder
- Protección

Cuando existe un desequilibrio en el uso de esta energía, entonces se caen en comportamientos como: abuso de poder, agresividad, tratar de controlar todo y a todos, ser demasiado competitivo, tener demasiadas confrontaciones, ser muy crítico, ser abusivo, evitar la conexión emocional, no tener empatía y no tener una estabilidad emocional.

Sin embargo, si te puedes conectar con esta energía masculina y complementar con la energía femenina y valoras estas cualidades entonces te das la oportunidad de experimentar lo siguiente:

- Perseguir tenazmente lo que deseas
- Dirigir tus esfuerzos hacia un proyecto y tener la capacidad de decidir hacia dónde, cuándo y cómo lo creas
- Centrar tus esfuerzos para obtener un resultado en un proyecto
- Tener la capacidad de enfocarse en una sola tarea a la vez
- Tener confianza y seguridad en sí mismo y en los logros individuales.
- Involucrar la camaradería, el entretenimiento y la resolución de problemas en las relaciones personales.
- Desarrollar una inteligencia emocional que te permita mejorar tus relaciones personales y laborales.

Sinergia

Cuando las dos energías, la femenina y la masculina se encuentran en equilibrio pueden lograr una magnifica simbiosis. Personalmente, y como te comentaba al inicio del libro, al crecer en un ambiente en donde

La Dualidad

no era seguro expresar mis emociones y donde se le daba más importancia a lo masculino, me hizo desarrollar más el lado mental y analítico, generando que pasaran años antes de poder comprender lo que me estaba limitando tanto en mi vida personal como en la profesional.

Tratando de lograr más por medio de la razón, estudiando y tratando de resolver los problemas por medio de la mente no solo no me dio el resultado que yo deseaba, sino que además me llevo mucho más tiempo lograr avances profundos. Mi alta tendencia hacia el perfeccionismo y a la productividad, eso que yo consideraba mi gran fortaleza, también eran unas de mis más grandes limitaciones. Al ponerme en contacto con mi lado emocional, al permitirme ser vulnerable me abrió las puertas hacia la satisfacción, hacia la abundancia y sin lugar a duda me llevo más lejos de lo que yo hubiera imaginado. Y no solo te hablo de lo material o lo físico que podemos lograr en esta realidad, sino en el estado emocional y de la satisfacción personal que siento al realizar mi trabajo como coach y como madre, transmitiendo un sentir conectado más al amor.

Fue así como me pude percatar que esa visión que tenía de siempre ser productiva, de tener más conocimiento no lo era todo en la vida, ni mucho menos demostraba mi propio valor como individuo. Comprendí que la exploración y la apertura a mi sensibilidad y vulnerabilidad contenía la llave a un sentido de satisfacción mucho más profundo que el logro de objetivos físicos que me duraban exactamente un segundo, para que en el siguiente continuara buscando un objetivo más para lograr sentirme «valiosa», productiva y por lo tanto «feliz».

Hoy en día soy mucho más compasiva conmigo misma, me puedo dar cuenta cuando estoy siendo demasiado dura con tal de lograr más y tengo un sentido mucho más profundo de amor por mí misma. Esto me facilita mucho la relación con mi marido y con mis hijas, siendo más abierta en compartir mis emociones y tratando de modelar un mayor nivel de inteligencia emocional. Pero a su vez, comienzo a ver un cambio en mi comportamiento a nivel profesional, más paciencia cuando interactúo con otras personas y una tendencia a ser más compasiva con ellos, evitando juzgar y tratando de ver que todos son mi propio reflejo.

Es importante notar que, si continuamos este pensamiento de tú contra mí, basado en la energía masculina nos lleva a pensar que todos los seres humanos estamos solos en este mundo, separados unos de otros. Como veremos más adelante, todos estamos conectados mediante la conciencia colectiva, mediante esta conexión que tenemos con el Universo, con el Amor Infinito.

Al abrir nuestro corazón nos permitirá acceder a una mayor sabiduría, nos permite conectarnos con nuestro Verdadero Yo y así mismo con la sabiduría Universal.

Me encanta la analogía que el shaman Durek utiliza para explicar estas energías, en donde nos dice que pensemos en la energía femenina como un círculo y la masculina como una línea recta. Mientras que la energía masculina se mueve en una trayectoria lineal, lo cual lleva a lograr más, la energía femenina se mueve como una montaña rusa. Un momento estás dirigiéndote hacia el cielo y al siguiente estás de cabeza, y de repente te diriges en una pendiente hacia el agua. Las dos son experiencias totalmente diferentes, no hay mejor ni peor, simplemente son diferentes y que en conjunto crearán una experiencia más profunda.

Como te puedes dar cuenta las dos energías nos pueden llevar a experimentar cosas totalmente distintas, mientras la masculina nos ayuda a comprender y a razonar para lograr ciertos objetivos físicos, la femenina nos ayuda a conectar con múltiples factores al mismo tiempo, como lo externo, lo interno, lo visible y lo invisible. Al comprometernos con lograr el equilibrio entre estas dos nos ayuda a sentirnos más completos y a lograr un mayor bienestar.

Tu energía puede ir cambiando poco a poco mientras que tu desarrollas una conciencia más profunda de ti mismo, desarrollas el amor propio y un sentido de atención plena. Comienza a abrazar ese lado que te hace falta más, si sientes que tu energía está más enfocada a lo masculino, trata de abrirte un poco más a la vulnerabilidad y a ponerte en contacto con el sentido de ti mismo. Abraza la fuerza femenina, acepta las emociones como medio para saber cómo te sientes y de ahí poco a poco dirígete hacia una emoción más positiva. Céntrate en el amor, en el amor hacia ti mismo para que puedas reflejarlo al mundo y a tus relaciones personales, abraza la sabiduría de lo femenino.

Si eres una persona con más energía femenina, aprende a confiar más en tu capacidad para actuar con claridad a pesar de tus emociones, desarrolla una inteligencia emocional, que te permita actuar de forma más segura y confiado en ti mismo. Enfoca tu energía en tus objetivos y metas personales, limpia tus creencias limitantes y alcanza tus sueños.

En general y en nuestra sociedad es necesario reconocer ese lado femenino y desarrollarlo, esto lo hacemos mediante la inteligencia emocional, el cual es nuestro siguiente tema, y de la misma forma el abrirnos a la vulnerabilidad nos permitirá profundizar en nuestras experiencias. Es solo entonces que podemos tener relaciones sanas y amorosas con nosotros mismos y con los demás. Esto incluye las relaciones personales y profesionales y afecta todas las áreas de nuestras vidas, desde el amor y el romance hasta la carrera y la salud física.

Para vivir tu vida en amor, felicidad y abundancia es necesario lograr que tu mente y tu corazón trabajen en armonía, logrando un balance, es decir, una sociedad entre los dos.

9

LA IMPORTANCIA DE LAS EMOCIONES

Las emociones son etiquetas que tu mente asigna a los pensamientos y sensaciones físicas a las que constantemente estamos expuestos. Estas sensaciones pueden provenir de lo que vemos, escuchamos, saboreamos, olemos o tocamos, pero muy importante también es no olvidar que muchas de ellas provienen de lo que pensamos.

Estas etiquetas con las que nuestra mente reconoce a las emociones le ayudan a identificar si esas emociones son para tu beneficio o te pueden poner en peligro, y claro que estas decisiones también están hechas en base a tu sistema de creencias. Así que podríamos decir que las emociones son un mecanismo de supervivencia, pero también una brújula que constantemente te está retroalimentando.

Lo cierto es que en el mundo actual tenemos una idea un poco errónea o limitada de las emociones, pensamos que el sentir ciertas emociones nos hace malas personas. Evitamos sentir y negamos ciertas

La Importancia de las Emociones

emociones. Desde pequeños se nos enseña a ocultarlas, a no llorar y pretender estar bien lo más pronto posible sin importar que la consecuencia de evitar las emociones es precisamente todo lo contrario a liberarnos de ellas.

Es importante decir que las emociones nunca son buenas o malas. Las emociones son energía en movimiento. Cuando nuestras emociones están en movimiento, simplemente fluyen a través de nosotros. Las emociones son herramientas que nos permiten reconocer lo que estamos experimentando. Al permitirnos sentir, nos permitirnos conectar con la verdad. Las emociones están destinadas a ser expresadas no suprimidas.

Vivimos en una cultura en donde se le da prioridad a la mente, en donde pretendemos negar aquellas emociones que la sociedad considera negativas y convertirlas en emociones socialmente aceptadas o apropiadas. Esto provoca un desequilibrio interior, provoca que esas emociones negadas se almacenen en tu cuerpo.

¿Te ha pasado que cuando sucede algo que no te gusta, por ejemplo, con tu pareja y pretendes estar bien, horas después ese enojo sale en otra cosa y provocado por algo que aparentemente no tiene nada que ver? Ese es precisamente el impacto de evitar esa emoción, en realidad no la evitas y lo único que logramos es acumular el resentimiento, la ira y la tristeza. Y muchas veces nos preguntamos ¿por qué no somos felices?, ¿por qué nuestras reaciones no son buenas?, ¿por qué tenemos depresión?

Es este tipo de emociones almacenadas que nos hacen reaccionar ante la vida, que nos llevan manteniendo una venda sobre los ojos viendo al mundo de color gris y lo que es peor aún, permitimos que esas emociones nos controlen y finalmente dirijan nuestras vidas.

Toma conciencia de que las emociones son una herramienta que nos permite darle color a nuestra vida. Cuando estamos enamorados vemos al mundo como un lugar amoroso. Cuando vibramos en esta frecuencia de amor somos capaces de ver amor a donde quiera que vamos, todo lo vemos mediante el lente de nuestras emociones. Cuando estamos tristes y decepcionados, encontramos más y más formas de ver al mundo como un lugar inseguro, que nos lastima y que nos hace sentirnos más y más decepcionados.

> *«Vivimos, creemos que vivimos*
> *Pensamos, creemos que vivimos*
> *Sentimos, creemos que vivimos*
> *Nos emocionamos, vivimos»*
> José Vaso

Las emociones no solo afectan nuestra percepción de la realidad, sino que determinan lo que en cada momento estamos creando y manifestando. Como cuando piensas que es un mal día y poco a poco el Universo se alinea con esa frecuencia para mostrarte que sí es un mal día, con interrupciones, tráfico, discusiones y todo tipo de experiencias que te ayuden a comprobar tu idea original de que tu día apesta. Es por esta razón que es importante reconocer tus emociones y aprender a liberarte de ellas, sin juzgar, sin resentimientos, únicamente notarlas y dejarlas ir.

Cuando sientas una emoción negativa, utilízala para recordarte a ti mismo qué es lo que realmente deseas. Cuando te encuentras en equilibrio con tu verdadero yo, fluyes sin interrupción, a través de tu presencia y puedes experimentar bienestar. Una emoción negativa solo es un recordatorio, y es una alerta de que hay incomodidad y que es necesario que te vuelvas a alinear con la Inteligencia Divina.

> *«Una emoción negativa puede ser tu mejor amiga pues te ayuda a reconocer qué es lo que está sucediendo en este momento. Te indica que te estás dirigiendo a la situación opuesta de lo que realmente deseas, que estás creando por default, sin estar alineado a la conciencia infinita».*
> Abraham, Esther Hicks

Inteligencia emocional

La inteligencia emocional se describe como la capacidad de razonar las emociones, la información emocional, y las emociones que aumentan el pensamiento.

La Inteligencia emocional es la habilidad de identificar y manejar tus propias emociones y las emociones con otros. Normalmente, esto incluye 3 habilidades:

1. Tener conciencia emocional, incluyendo la capacidad de identificar tus propias emociones y las de los demás.
2. La capacidad de aprovechar las emociones y aplicarlas en tareas como el pensamiento y la resolución de problemas
3. La capacidad de gestionar emociones, incluyendo la capacidad para regular tus propias emociones, y la capacidad para animar o calmar a otra persona.

Una baja inteligencia emocional puede afectarte en muchos aspectos de tu vida, aun cuando no te des cuenta de ello. De hecho, hoy en día se considera que la inteligencia emocional es aun más importante que el tener un coeficiente intelectual alto. Esto es debido a que la inteligencia emocional tiene que ver con la forma en la que te relacionas con las demás personas y la forma en la que respondes a los retos y situaciones que están fuera de tu zona de confort.

Al inicio, cuando se dio a conocer la inteligencia emocional se consideró como la explicación al hecho de que había muchas personas que tenían mejor rendimiento y más éxito que personas con un alto coeficiente intelectual. Y después de muchos años de investigación se pudo comprobar que el 90% de esas personas con más rendimiento y más exitosas contaban con un alto coeficiente de inteligencia emocional.

La inteligencia emocional juega un papel muy importante en tus relaciones personales, ya sea a nivel familiar, amigos, pareja o de trabajo, así como en las situaciones sociales y las decisiones que tomas para lograr resultados positivos.

La inteligencia emocional a pesar de ser algo intangible tiene un gran impacto en tu vida y en la forma en la que puedes lograr un equilibrio. No se trata únicamente de cómo te relacionas con las demás personas, se trata también de las decisiones que tomas en cada aspecto de tu vida y cómo te diriges en cada área.

Salud física

La habilidad de cuidar tu cuerpo y especialmente el ser capaces de manejar el estrés, tiene un impacto profundo en tu salud en general, y además está vinculado a tu inteligencia emocional. ¿Por qué? Pues verás el ser consciente de tu estado emocional y tus reacciones ante el estrés de la vida cotidiana te hace tomar acciones para manejarlo de forma saludable y así poder tener una mejor salud en general.

Salud mental

La inteligencia emocional afecta tu actitud en general y la visión que tienes de la vida. Es decir, te mantiene con una actitud más positiva ante ella, y esto te ayuda a aliviar la ansiedad y tener una menor probabilidad de sufrir depresión o tener cambios de humor radicales. Un alto nivel de inteligencia emocional está directamente relacionado con tener una actitud positiva y ser más feliz en la vida.

Relaciones personales

Al entender cómo te sientes en todo momento, serás capaz de manejar tus emociones apropiadamente. De esta forma, también tendrás la habilidad de comunicar tus sentimientos de una forma más constructiva.

A veces pasa que no sabemos cómo nos sentimos o solo nos enojamos sin ser conscientes de ello, es decir nos dejamos llevar por la emoción. Con la inteligencia emocional eres capaz de detectar tu cambio de humor de forma más proactiva y en lugar de dejarte llevar por la emoción podrás buscar formas más constructivas de manejarla y comunicarla a las personas que te rodean en caso de ser necesario.

El conocer las necesidades y sentimientos de las personas con las que nos relacionamos y sobre todo aquellas que son una parte importante en nuestra vida nos hacer tener relaciones más profundas y duraderas.

Resclución de problemas

Cuando eres más consciente de lo que sucede a tu alrededor, de las emociones de los demás y no tiendes a juzgarlos, es más fácil que tengas más empatía. Esto resulta en una mejor forma de manejar los problemas o tal vez te de la oportunidad de evitarlos.

Asimismo, con inteligencia emocional eres capaz de negociar de mejor forma pues tienes la habilidad de entender las necesidades y deseos de otras personas. Así que de forma natural sabrás qué dar o qué ofrecer a las personas en todo momento y así hacerlas sentir mejor y tener mejores relaciones armoniosas.

Ser más exitoso

Cuando desarrollas la inteligencia emocional es más probable que también desarrolles la capacidad de mantenerte motivado, siendo esta una motivación que surge desde tu interior y por lo tanto más duradera. Esto se traduce en que tienes la confianza de que puedes alcanzar lo que te has propuesto y continúas trabajando hasta lograrlo, es decir te mantienes enfocado sin procrastinar. Por lo mismo de que tienes mejores relaciones personales, te lleva a tener mejores redes sociales y de soporte que te empujan más hacia el logro de tus objetivos.

Ser un buen líder

La habilidad de tener empatía y entender las necesidades de otras personas te ayuda a relacionarte con ellas de manera positiva y establecer lazos más fuertes lo que es una característica de líderes más positivos. Piénsalo, ¿qué hace a una persona un buen líder? Es mejor líder quien puede determinar las necesidades de las personas a su alrededor y encontrar formas en donde se puedan satisfacer, lo cual conlleva a un mejor rendimiento y a tener una mayor satisfacción en el ambiente laboral.

Un líder con inteligencia emocional tiene la capacidad de construir equipos más fuertes y con mayor rendimiento al elegir gente con diversidad emocional que conlleve a tener un beneficio en el equipo.

Como puedes ver la inteligencia emocional se puede traducir en todas las áreas de tu vida, puedes aprender a desarrollar esta habilidad para sacarle provecho y mejorar tanto tus relaciones personales, como tu situación laboral, hasta el crear una imagen de un futuro más positivo.

Liberación de emociones

La inteligencia emocional significa que tú te haces responsable de tus emociones. En lugar de pasarnos la vida pensando y culpando a los demás por cómo nos sentimos, es retomar nuestro propio poder de sentirnos bien. Las emociones se generan desde tu interior, así que ahora serás capaz de poder manejarlas y dejarlas ir.

No podemos negar nuestras emociones, de hecho, cuanto más les prestes atención más sabiduría te darán. Pero no me refiero a una atención en donde mantengas la emoción por tiempo indefinido, sino más bien con una actitud de curiosidad por lo que está sucediendo en tu interior y la causa. Tus emociones son realmente el reflejo de esa conexión con tu mente subconsciente y que cuando lo dejes fluir tendrás el vínculo directo hacia esa sabiduría Universal.

Son nuestras emociones limitantes las que a menudo nos impiden crear y mantener la vida que deseamos o que merecemos. Podemos optar por dejar ir y vivir más libremente, más plena y más completamente al hacer uso de este método que te voy a mostrar a continuación.

¿Qué pasaría si pudieras aprovechar tu habilidad para dejar de lado cualquier emoción limitante que te frena?

De hecho, en muchos casos, si simplemente dejamos ir o liberamos lo que está en nuestro camino, nos liberamos de formas ilimitadas. Soltar aquello que nos detiene es lo que nos permite liberar nuestro potencial y alcanzarlo.

La Importancia de las Emociones

Cuando explico acerca de la técnica de liberación emocional basado en el método Sedona, me gusta compartir esta analogía que el creador del método comparte con nosotros y que nos ayuda a entender más gráficamente lo que implica y lo fácil que puede ser el liberarnos de cualquier emoción.

Toma una pluma, un lápiz o algún objeto pequeño que puedas tirar al suelo sin que se rompa. Ahora, sostenlo frente a ti y realmente agárralo fuertemente. Imagina que la pluma o el objeto es uno de tus sentimientos limitantes y que tu mano representa tu instinto o tu conciencia.

Si sostuvieras el objeto durante un tiempo largo, te comenzarías a sentir incómodo de tenerlo tan apretado en tu mano, sin embargo, es posible que puedas acostumbrarte a esa sensación pues después de un tiempo esta te resulta familiar.

Ahora, abre tu mano y gira el objeto en ella. Observa que tú eres el que lo está sosteniendo; no está pegado a tu mano, no se vuelve parte de tu mano por mucho que lo hayas sostenido ahí. Esto mismo es lo que ocurre con tus sentimientos, ellos no son tú, ni están pegados a ti. Simplemente, los estás sosteniendo.

Lo que sucede a veces es que nos aferramos a nuestros sentimientos y olvidamos que lo estamos haciendo. Esto lo podemos ver mejor cuando analizamos la forma en la que nos expresamos. Cuando nos sentimos enojados o tristes, generalmente no decimos: «Me siento enojado» o «Me siento triste». Decimos «Estoy enojado» o «Estoy triste». Sin darnos cuenta, nos estamos identificando con ese sentimiento como si nosotros fuéramos esa emoción. A menudo, creemos que un sentimiento está aferrando a nosotros o es parte de nosotros, pero esto no es verdad, siempre estás en control de lo que sientes. Y lo que es más importante, es que siempre estás en la posición de decidir dejar ir cualquier emoción.

Ahora, regresemos nuestra atención al objeto que sostienes en tu mando y suéltalo.

¿Qué fue lo que sucedió? Soltaste el objeto, y se cayó al suelo. ¿Te pareció difícil? Por supuesto que no. Eso es lo que quiero mostrarte al decir «deja ir la emoción». Puedes hacer lo mismo con cualquier emoción: elige dejarla ir. Es solo cuestión de acostumbrarnos a hacerlo, hasta que lo podamos hacer de manera automática y natural, así como lo hicimos con el objeto.

Continuando con la misma analogía: si caminaras con la mano abierta, sin aferrarte a ningún objeto comprenderás que esto te da la posibilidad de tomar otro objeto cualquiera que desees, pues tu mano estará libre o te será fácil descartar un objeto por otro. Del mismo modo, cuando permites o das la bienvenida a un sentimiento, estás abriendo tu consciencia, y esto permite que el sentimiento desaparezca por sí solo, sin nada que lo mantenga en tu mano, como cuando colocas una hoja de un árbol en tu mano y permites que el viento se la lleve.

Ahora, ¿qué pasaría si tomaras el mismo objeto (un lápiz, un bolígrafo o una piedra) y lo estirarás mucho, algo así como si fuera de plástico? Es decir, alargarlo lo más posible, hasta que pareciera como un espacio vacío. Tú estarías viendo esos espacios entre las moléculas y los átomos, esperando ver ese sentimiento, pero cuando te sumerges en el núcleo mismo, observarás un fenómeno muy similar al del espacio vacío de la hoja: no hay nada realmente ahí en ese espacio.

Lo que sucede es que frecuentemente, tenemos miedo de sentir esa emoción «negativa», ir hacia adentro a nuestro interior y nos encontramos tratando de evitarla a toda costa, lo cual hace que nos aferremos más y más a ella. Pero cuando te sumerges en esa emoción te percatas de que no hay nada ahí más que calma y tranquilidad.

Ya sea que conozcas algún método de liberación emocional como el método Sedona, las técnicas de liberación emocional con Tapping (EFT) o mediante Ho'oponopono el objetivo es no negar las emociones, sino reconocerlas y dejarlas ir lo más pronto posible.

A medida que seas más consciente de tus emociones descubrirás que incluso tus sentimientos más profundos se encuentran en la superficie. En lo profundo de ti estás en este estado de vacío o cero, silencioso y en paz, no estás lleno de dolor y oscuridad como la mayoría de nosotros asumiríamos o creemos que es el núcleo de una emoción «negativa». De hecho, incluso nuestros sentimientos más extremos solo tienen tanta sustancia como una burbuja de jabón. Y tú sabes lo que pasa cuando metes el dedo en una burbuja de jabón: se revienta. Eso es exactamente lo que sucede cuando te sumerges en el núcleo de un sentimiento.

Ten en cuenta estas analogías a medida que avanzas en la adopción de Ho'oponopono o tu exploración con alguna técnica de liberación emocional. Liberar te ayudará a dejar ir todos tus patrones no deseados de comportamiento, pensamiento y sentimiento. Todo lo que requieres hacer es ser lo más abierto posible al proceso. Liberar es una técnica simple que te abrirá las puertas para acceder a un pensamiento más claro, sin embargo, no es un proceso de pensamiento. Aunque te ayudará a acceder a una mayor creatividad, no necesitas ser particularmente creativo para que sea efectivo.

Aprovecharás al máximo el proceso de liberación cuanto más te permitas ver, escuchar y sentir que funciona, en lugar de pensar cómo y por qué funciona. Dirígete, lo mejor que puedas, con tu corazón, no con tu cabeza. Si te quedas un poco atrapado tratando de resolver un problema, puedes usar el mismo proceso, pero enfocado precisamente a ese sentir de querer resolverlo a tu modo. Te garantizo que mientras más trabajas con este proceso, lo entenderás más pues tendrás esta experiencia directa de hacerlo y sentirlo.

Proceso para dejar ir y liberarse de las emociones

El siguiente proceso de liberación emocional está basado en el método Sedona y es algo que yo comparto en privado con mis clientes, pues es una técnica muy sencilla pero eficaz para liberarte de cualquier emoción.

Para comenzar esta técnica ponte cómodo, respira profundamente y trata de enfocarte en tu interior. Tus ojos pueden estar abiertos o cerrados. (Dwoskin, The Sedona Method: Your key to lasting Happiness, Success, Peace and Emotional Well-being, 2003)Eventualmente conforme vayas ganando más práctica con ella, te resultará mucho más fácil hacerla y no será necesario que te aísles o te alejes del lugar donde estás.

Paso 1:

Concéntrate en un tema sobre el que te gustaría sentirte mejor y luego permítete sentir la emoción de ese momento. Esto no tiene porque ser un sentimiento fuerte. De hecho, incluso puedes trabajar en cómo te sientes con respecto a este ejercicio y lo que quieres obtener de él. Tal vez tienes duda. Solo da la bienvenida al sentimiento y permite que sea lo más honesto o lo mejor que puedas.

Puede parecer muy simple, sin embargo, la mayoría de nosotros vivimos en nuestros pensamientos, imágenes e historias sobre el pasado y el futuro, en lugar de ser conscientes de cómo nos sentimos realmente en este momento, por lo que puede ser un reto el conectar e identificar esa emoción.

La única vez que podemos hacer algo respecto a cómo nos sentimos y sobre nuestras vidas es en este preciso momento, en el presente. No es necesario esperar a que un sentimiento sea fuerte antes de dejarlo ir. De hecho, si te sientes desensibilizado, es decir, muy alejado de tus emociones, como en blanco o vacío por dentro, esos son sentimientos que se pueden soltar tan fácilmente como los más comunes. Simplemente haz lo mejor que puedas. Cuanto más trabajes con este proceso, más fácil será para ti identificar lo que estás sintiendo.

Pregunta: ¿Qué estoy sintiendo en este momento acerca de este tema?

Paso 2:

Hazte una de las siguientes tres preguntas:

La Importancia de las Emociones

¿Podría dejar ir este sentimiento?
¿Podría permitir que este sentimiento esté aquí?
¿Podría darle la bienvenida a este sentimiento?

Estas preguntas simplemente te cuestionan si es posible que puedas tomar esta decisión. «Sí» o «No» son respuestas totalmente aceptables. A menudo lo dejarás ir, incluso si dices «no». Responde a la pregunta lo mejor que puedas, elige con un mínimo de reflexión, evita cuestionarte o participar en un debate interno sobre lo que debería ser o qué pasaría si no lo puedes lograr. Deja un poco de lado a tu mente racional.

Todas las preguntas utilizadas en este proceso son deliberadamente simples. No son importantes en sí mismas, pero están diseñadas para ayudarte en la experiencia de dejar ir, la experiencia de dejar de aferrarte a esas emociones. Ahora, ve al Paso 3, sin importar cómo hayas respondido a alguna de estas preguntas.

Paso 3

No importa con qué pregunta empezaste, hazte esta pregunta simple:

¿Lo haría, dejaría ir esta emoción?
En otras palabras: ¿Estoy dispuesto a dejarla ir?

Nuevamente, aléjate del debate lo más que puedas. También recuerda siempre que estás haciendo este proceso para ti mismo, con el propósito de obtener tu propia libertad y claridad. No importa si el sentimiento es justificado, duradero o correcto.

Si la respuesta es «no» o si no estás seguro, pregúntate:

¿Preferiría tener este sentimiento o preferiría ser libre?

Incluso si la respuesta sigue siendo «no», continúa con el Paso 4.

Paso 4

Hazte esta simple pregunta:

¿Cuándo me liberaría de este sentimiento?

Esta es una invitación para simplemente dejarlo ir AHORA. Puede que sin darte cuenta te encuentres fácilmente soltando la emoción. Recuerda que dejar ir es una decisión que puedes tomar en cualquier momento que elijas.

Repite los cuatro pasos anteriores tantas veces como sea necesario hasta que te sientas libre de ese sentimiento en particular.

Probablemente te encontrarás dejando ir un poco más en cada paso del proceso. Los resultados al principio pueden ser bastante sutiles. Muy rápidamente, si eres persistente, los resultados serán cada vez más notables. Es posible también, que encuentres como capas de sentimientos sobre un tema en particular, es decir primero sientes tristeza, después enojo, después malestar y después te sientes libre. Sin embargo, lo que dejaste ir se ha ido para siempre.

Si sientes que no puedes dejar ir una emoción o tienes dificultad para hacerlo, simplemente date permiso de sentir la emoción por un momento. Si te das permiso, aun cuando lo estés haciendo en ese momento, te fijarás que se te hace más fácil el dejar ir la emoción. Esto usualmente te ayudará a llegar a contestar con un SI más genuino y la liberación de la emoción de forma más sencilla.

10

LA CONSCIENCIA PRESENTE

Nuestra consciencia presente es el activo más preciado que podemos tener como seres humanos. Qué tan conscientes, qué tan presentes estemos y qué tan capaces seamos de percibir y comprender lo que sucede en nuestro alrededor es lo único que podemos controlar en nuestras vidas. El mantenerte presente es el mayor regalo que puedas haber recibido.

La mayoría de nosotros tenemos poca experiencia en vivir en el aquí y ahora, totalmente presentes y conscientes de cada momento que vivimos. Como lo vimos en los capítulos anteriores, podemos ver que la mayor parte del tiempo estamos repitiendo las mismas historias, los mismos diálogos internos, y viviendo en base a nuestro subconsciente. Si analizas tus pensamientos por un momento te darás cuenta de que la mayoría de ellos se encuentran anclados en el pasado o en el futuro. Sin embargo, el pasado ya sucedió y no existe en este momento. El futuro no ha pasado así que tampoco existe en este momento.

Al no vivir en este momento, en efecto te estás perdiendo de vivir tu vida, te pierdes de la belleza del único momento que existe. ¿Puedes comprender que ni en el pasado ni en el futuro puedes hacer algo? El único momento para transformar tu vida y vivirla es aquí y ahora. El momento presente es el único momento en donde tienes el control.

Se ha comprobado que cuando podemos enfocar nuestra atención al momento presente, al aquí y ahora, podemos silenciar y calmar nuestra mente. Incluso si solo mantenemos este enfoque por un pequeño periodo de tiempo, este hábito nos lleva a dejar de vivir en el pasado o en el futuro y así evitaremos que nuestra mente controle nuestras emociones y dirija nuestra vida.

Podríamos decir que el momento presente es el único que realmente existe, pues el futuro y el pasado solo son conceptos que existen en nuestra mente.

El estar presente es un arte del alma donde tu mente se encuentra en descanso. En este estado nos olvidamos del pasado y sus fallas, los hubieras, los rencores y no estamos enfocados en vivir una fantasía del futuro o en algo que deseamos tener o ser, quitándonos la tranquilidad. El estar presente o vivir aquí y ahora es una simple demostración de que estás viviendo lo mejor de ti, pues si te das cuenta no hay nada más real que este preciso momento.

> *«La gente sacrifica el presente por el futuro. Pero la vida solo está disponible en el presente. Es por eso que debemos caminar de tal manera que cada paso nos pueda llevar al aquí y al ahora».*
> Thich Nhat Hanh

Una vez que descubres lo que realmente significa vivir en el presente, comprenderás que es uno de los mayores regalos que te puedes dar a ti mismo. Cuando estas aquí te liberas de todo conflicto con el tiempo, de resistir lo que eres y lo que tienes, sólo te enfocas en ti mismo, en tu ser y tu alma, y te empiezas abrir a un nivel extraordinario de paz, relajación, y amor que únicamente podrás acceder viviendo en este preciso momento.

¿Qué significa vivir aquí y ahora?

El vivir aquí y ahora significa estar completamente consciente de todo lo que es, significa que no estás en modo de negación, que no pretendes, y que no estás evitando nada. Estar presente es sentir tus emociones, escuchar tu cuerpo y tus necesidades y deseos, saborear tus alimentos y expresar libremente tus ideas, sin juzgar, sin limitar y sin sentirte apenado o enojado por tus emociones, sensaciones o pensamientos.

Mientras que tu pasado te puede ofrecer cierta información y el futuro te puede inspirar, el momento donde realmente puedes actuar y hacer algo diferente es aquí y ahora. Si nos quitamos esa obsesión de pensar en el pasado y fantasear sobre el futuro podemos enfocarnos en el presente y liberar todo nuestro potencial, en este momento es cuando podremos sentir cómo toda la fuerza del amor y del poder creador reside dentro de nosotros mismos.

Cuando nos abrimos a esta verdad y la aceptamos podemos ver que cualquier situación puede ser transformada.

«Recuerda: Lo que realmente cuenta es el viaje no el destino».

Cuando analizas todos los problemas que tienes actualmente, comienzas a caer en cuenta que esos problemas están realmente en tu mente. Claro, existen fuerzas externas, como el trabajo, el estrés con los niños o con todas las tareas que queremos hacer, las interrupciones, etcétera, pero el verdadero problema no son esas causas externas, el problema es cómo tendemos a reaccionar hacía ellas.

Aquí es donde el mantenerte presente y vivir aquí y ahora te ayudará, pues aprenderás que estas fuerzas externas no tienen ningún efecto sobre ti y no serán más un problema, porque aquí y ahora sólo existes únicamente tú, y no todo ese millón de cosas por las cuales te preocupas.

> *«Toda la negatividad es causada por una acumulación de tiempo psicológico y la negación del presente. El malestar, la ansiedad, la tensión, el estrés, la preocupación y todas las formas del miedo son causados por mucho enfoque en el futuro, y poca presencia. La culpa, el remordimiento, el resentimiento, la tristeza, la amargura, y todas las formas de la falta de perdón son causados por mucho enfoque en el pasado y poca presencia».*
> *Eckhart Tolle*

Por ejemplo, imagina que en el trabajo tienes que entregar algo en la siguiente hora, pero además tienes muchas otras cosas que realizar durante el día. Frecuentemente, estamos tan preocupados por todo lo que tenemos que hacer, estamos estresados y con el miedo de que no vamos a poder terminar nada, que desatendemos esa tarea que estamos haciendo en el momento. Lo cual nos lleva a hacer realidad ese pensamiento de que «no podemos terminar las tareas» y nos mantiene en ese estrés continuo.

Vivir en el presente significa enfocarte únicamente en la tarea que vas a hacer para entregar inmediatamente y dejar de preocuparte por las demás, tu única atención eres tú y esa tarea por realizar. Cuando termines, te moverás a la siguiente tarea de la misma forma. Esto ayuda a tu cerebro a enfocarte en dicha tarea, a terminarla en el momento adecuado y a reducir el estrés.

En el caso de nuestros hijos pequeños, es muy probable que nos estresemos porque ellos requieren atención, pero también nosotros necesitamos hacer otras cosas, así que es inevitable sentir ese estrés. Pero si eliges vivir aquí y ahora te percatarás que en este momento sólo existen tu hijo y tú. Puedes apreciar ese momento con tu hijo, amarás a tu hijo y estarás agradecido de haber pasado este precioso momento con él.

Es así como el mantenernos presente nos ayuda manejar cualquier problema, y cualquier situación de estrés.

Atención plena o mindfulness

Tal vez no nos demos cuenta de la cantidad de cosas que pasan por nuestra mente en cada segundo, pero esto no quiere decir que nuestra mente no esté pensando en nada. Piénsalo, la mayor parte del tempo mientras estamos haciendo algo nuestra mente esta en otro lugar. En base a un estudio publicado en la revista Science, se pudo comprobar que la mente de las personas se encuentra pensando en otras cosas o anda divagando alrededor del 47% del tiempo. (Killingston MA, 2010)

En el transcurso de nuestra evolución desarrollamos una mente así, que tiende a distraerse. Esto puede otorgar algunos beneficios como estar atentos ante alguna amenaza física o pensar en algún problema y poder buscar una solución. Pero esta cualidad también tiene un costo, y este costo es muy grande si dejamos que esta característica de nuestra mente nos maneje totalmente, en lugar de que nosotros la dirijamos. El costo es que muchas veces pensamos en cosas negativas y las empezamos a vivir como si realmente estuvieran sucediendo. Recuerda tu mente no sabe si es real o no, así que tu cuerpo reacciona a esas ideas de estrés y ansiedad que mantienes en el día a día. Esto te generará más estrés y ansiedad innecesaria.

¿Te has fijado que, cuando piensas en una situación donde te has enojado o piensas en una situación donde «sabes» que alguien va a reaccionar de manera agresiva, te empiezas a preparar, y físicamente te empiezas a enojar o a sentir cómo vas a reaccionar ante esta situación? Obvio lo único que haces cuando llegas con la persona en cuestión es que empiezas a atacarlo o a defenderte, aún cuando la situación que has pensado aún no ha pasado. Eso quiere decir que lo que estabas pensando lo has llevado al plano físico y estás actuando como si realmente ya estuviera sucediendo. Otro ejemplo de cómo tu subconsciente repite su misma programación.

En resumen, cuando imaginas amenazas, pérdidas, rechazos, etc., tu cuerpo empieza a experimentarlos. Y el punto de esto es que es una situación continua, es decir estamos dejando que nuestra mente divague y piense en este tipo de estresantes que nos hacen vivir una vida de miedos y conflicto, lo que termina en una vida poco feliz. Así que, nuestra mente la podemos ver como una máquina de realidad virtual, una máquina que podemos programar de manera bien intencionada y con un propósito o de lo contrario resulta una máquina no solo mal aprovechada sino una que en lugar de generar algo positivo en nuestra vida nos genera experiencias que poco disfrutamos.

El hecho de saber qué es mindfulness o la atención plena y tratar de desarrollarla te permitirá desarrollar tu mente de tal forma que puedas utilizar esta grandiosa máquina de realidad virtual para lo que realmente deseas lograr y puedas apagarla cada vez que este divagando o pensando cosas negativas.

Recuerda eres tú el dueño de tu mente y no al revés, y tú no eres tu mente. Tú eres esa consciencia conectada con lo Divino.

Beneficios de la práctica de atención plena

El hecho de mantenerte presente y practicar mindfulness te permite ser más feliz, te permite apreciar más los momentos buenos, y no enfocarte tanto en lo que no salió bien o en las cosas que no te gustan.

El hecho de que te puedas mantener positivo en general no significa que no existan malos momentos en tu vida, simplemente significa que tu estado de ánimo puede permanecer más equilibrado, y serás capaz de aceptar que, aunque las cosas no son tan buenas o no todo sale como lo planeas, tu vida en general sí lo es. Todo esto lo puedes ir desarrollando con una práctica habitual de mindfulness.

Adicionalmente, el meditar y practicar mindfulness habitualmente tiene algunos otros beneficios como:

- Te dará más autonomía al actuar en base a tus valores y principios, así como la consciencia para ser capaz de detectar aquellas creencias que te están limitando.
- Te hace ser más competente, al hacerte más responsable de tu vida y lo que deseas, así como ayudarte en el desarrollo de las habilidades que te permitirán alcanzar tus metas.
- Tener relaciones saludables al ser más honesto contigo mismo y con tus seres queridos, así como ser más abierto al expresar las emociones pues ahora ya no hay prejuicios y te puedes dejar de juzgar.
- Aceptación de ti mismo al aceptar y entender más quién eres realmente, serás capaz de ver que tu felicidad radica en ti mismo y no en las demás personas. Esto dirigirá tus acciones hacía cosas que realmente te llenen desde adentro, que hagan sentir que tu alma vibra. Asimismo, cuando te enfocas en lo bueno, sabes que tú eres responsable de que esas cosas sucedan, lo que invariablemente te generará mejor autoestima y confianza en ti mismo.
- Sin lugar a duda, la meditación forma parte de las técnicas para el desarrollo personal, simplemente porque estás profundizando en ti mismo, estás expandiendo tus horizontes y porque estás invirtiendo más tiempo en ti mismo y en la expresión de tu ser.
- Si hasta este momento no sabes bien cuál es tu propósito en la vida, te aseguro que con la meditación lo descubrirás. Esta conexión que haces con tu verdadero yo, te hará descubrir esas partes de ti mismo que no tenías tan claras y te ayudará a reconocer cual es tu verdadero objetivo en esta vida.

Formas de practicar la Atención Plena

Mindfulness o Atención Plena es un estado mental que puede ponerse en práctica de distintas formas. Se puede cultivar mediante la meditación o una práctica formal, pero estas no son las únicas formas de hacerlo. Muchas personas todavía piensan que la meditación es una religión o que para hacerlo hay que sentarte en forma de flor de loto, pretendiendo ser una estatua y no distraerse con nada. En realidad, la atención plena se trata de vivir tu vida como si realmente fuera importante momento a momento, por que en realidad así es.

Algunos consejos que te servirán para comenzar a desarrollar una atención plena son:

- Presta atención a tu respiración, especialmente cuando estés sintiendo emociones intensas
- Date cuenta, realmente date cuenta de lo que estás sintiendo en cualquier momento: la vista, los sonidos, los olores, todo aquello que damos por hecho y a lo que no le prestamos verdadera atención.
- Reconoce que tus pensamientos y tus emociones son efímeros y no son algo que te define, esto es algo muy importante que te puede liberar de tus patrones de pensamiento negativo.
- Sintonízate con las sensaciones de tu cuerpo, desde el agua que toca tu piel en la regadera hasta tu cuerpo sentado en la silla de la oficina.

Meditación concentrada

Si estás interesado en desarrollar una práctica de meditación, entonces esta también te ayudará a desarrollar este estado de consciencia presente en todo momento de tu vida.

La meditación concentrada es básicamente una meditación donde enfocas tu atención a algo en específico durante un lapso. Este tipo de meditaciones te ayudan a desarrollar la capacidad de observar cuando tu atención se ha distraído y se encuentra pensando en algo más, te ayuda a observar esta experiencia sin juzgarte y a regresar al objetivo de tu práctica. Es recomendable que las personas que estén interesadas en desarrollar mindfulness o atención plena empiecen por practicar este tipo de meditaciones pues les darán las habilidades requeridas y la base para establecer la meditación como una práctica diaria.

Para desarrollar la atención plena en tu vida diaria, puedes intentar algunos de estos ejercicios:

- Escanea tu cuerpo: en esta forma de meditación pones toda tu atención en tu cuerpo parte por parte, desde los dedos de los pies hasta la parte superior de tu cabeza. Mientras haces esto tratas de estar concentrado en esa parte del cuerpo y aceptas cualquier sensación que puedas sentir en ella. Sin tratar de catalogarla, juzgarla o tratando de cambiar la sensación, simplemente enfocarte en sentirla.
- Meditación en movimiento – en esta práctica enfocas toda tu atención en el movimiento de tu cuerpo, paso a paso te enfocas en como tu pie toca el suelo, algo que usualmente damos por hecho. Esto también lo puedes realizar caminando 10 pasos y regresando otros 10 pasos, pero realmente lo puedes practicar como mejor te acomodes, en cualquier camino y en cualquier momento, únicamente necesitas concentrarte en lo que haces.

El objetivo no es detener los pensamientos

Algo que es muy importante aclarar, por que se tiene la idea de que al practicar la meditación mindfulness lo que se quiere lograr es detener todos los pensamientos, pero en realidad lo que se quiere es que seas capaz de observar esos pensamientos y no dejarte llevar por ellos. Así como lo vimos con las emociones, ellas no son malas, y tú no eres esas emociones, lo que te hace libre de dejarlas ir cuando quieras. Lo mismo sucede con los pensamientos, ellos no son tú, y tú eres libre para dejarlos ir y dejar de permitir que ellos te controlen y dirijan tu vida.

Las ideas y pensamientos van a generarse constantemente, después de todo para eso sirve tu mente, pero hasta ahora la hemos dejado que ella nos deje llevar y actuamos en base a las ideas y creencias que vamos repitiendo en ella constantemente. Ahora el objetivo es que tú seas quien maneje a tu mente, y sólo observes los pensamientos y los dejes ir. Sin detenerte en ellos, sin dejarte llevar por los mismos.

El secreto hacia el amor, la dicha y la abundancia

Los pensamientos no son algo de lo que tenemos que deshacernos, más bien lo que debemos es dejar de identificarnos con ellos, pues cuando nos dejamos llevar por esas imágenes que se generan en nuestra mente nos hacer sentir distintas emociones de las cuales no somos totalmente conscientes. Un pensamiento o idea puede simplemente ser observado, sin necesidad de que pases mucho tiempo pensando en él y haciendo que se genere una emoción debido a lo que estás viendo pasar. Cuando los dejas pasar, no te identificas con ellos, no te dejas llevar por la emoción, por lo que serás capaz de ver lo que sucede a tu alrededor de forma más consciente, más presente.

Es ahora cuando comenzarás a utilizar a tu mente como una herramienta y no al revés. Cuando dejas de identificarte con esas ideas y pensamientos que mantenías constantemente en tu mente, verás que te comienzas a sentir más libre. A través de Ho'oponopono te darás cuenta de la libertad que tienes para dejar ir los pensamientos y de cambiar tus emociones en cada instante. Comprobarás que tú no eres tu mente y sobre todo tú no eres tus pensamientos.

Comenzarás a conocerte como ese individuo creador y vinculado al amor que eres, ese individuo creador y merecedor de felicidad, éxito y amor sin reservas ni limitaciones. Comenzarás a conectarte contigo mismo y te conocerás a profundidad a través de la conexión con el momento presente, y no en base a tus ideas y pensamientos.

Parte II:

RECONÉCTATE CON LA LUZ Y EL AMOR INFINITO

11

QUÉ ES HO'OPONOPONO

Ho'oponopono es una palabra hawaiana que significa corregir un error o algo que no está bien. En realidad, pono es corregir y estar en equilibrio, por lo que pono pono es estar bien contigo mismo y con los demás. Lo que conocemos el día de hoy como Ho'oponopono es una forma actualizada de lo que se utilizaba en Hawái como un proceso de sanación familiar, el cual involucraba a un sanador y toda la familia.

De acuerdo con Morrnah Namalaku Simeona el Ho'oponopono es un proceso para corregir un error, un proceso para crear un equilibrio. Es una herramienta que cualquier persona interesada puede utilizar para corregir cualquier relación estresante o cualquier situación en la que te encuentres en tu vida y descubrir tu identidad a través de la limpieza, la liberación, transmutación de las memorias, y la comprensión de la relación que tienes con cada molécula y átomo de la creación, animado o inanimado. Es un proceso por el cual todos nos podemos liberar de esas memorias, problemas y actitudes que nos dificultan conectar con el amor y vivir en equilibrio.

Morrnah Nalamaky Simeona es la creadora de la forma actualizada del Ho'oponopono, llamada Ho'oponopono Auto-Identidad. Ella nació en Honolulu, Hawái en 1913, y su madre fue una de las últimas sanadoras (Kahuna Lapa'au kahea) en el reino de Hawái. Aunque la palabra Kahuna no tiene una traducción directa, algunos dicen que significa «el guardián de los secretos», podría decirse que los Kahuna son lo que conocemos como shaman o sanador, un líder espiritual y un cuidador de la comunidad.

Morrnah creció rodeada de esta tradición de sanación, en donde la espiritualidad formaba gran parte de su vida diaria. Ella desde los tres años fue entrenada en las tradiciones de los Kahuna. En la comunidad nativa de los hawaianos, los Kahuna estaban involucrados en todos los aspectos de la vida de la comunidad, en donde ayudaban a mantener un balance y una armonía.

El formato tradicional de Ho'oponopono requería que toda la familia asistiera al proceso de sanación. Con un moderador presente, cada miembro de la familia era invitado a compartir sus pensamientos y emociones relacionados con el asunto que se estaba tratando. Cuando ciertas emociones eran demasiado fuertes, entonces se dirigían al líder, en lugar de dirigirlas a los individuos directamente. Es así como el kahuna facilitaba el proceso con preguntas y dándoles a todos la oportunidad de ser escuchados. Durante esta ceremonia se tenían periodos de silencio para reflexionar acerca de las emociones y las quejas que se habían presentado. El grupo colectivamente tomaba acciones correctivas para restaurar la armonía en todos. Posteriormente, todos los participantes se liberaban de las cargas emocionales que tenían contra otros, así como del pasado y juntos celebraban con una fiesta.

Morrnah pensó que esta forma de curación, de resolución y perdón podría ayudar a las personas que acudían a ella, pero también sabía que las comunidades y familias occidentales estaban fragmentadas, lo cual dificultaba una reunión formal y hacía más difícil este proceso antiguo de sanación. Es así como en 1976, cuando Morrnah tenía 63 años, que ella comenzó a desarrollar una nueva forma de Ho'oponopono, modificando el proceso original. Ella adaptó este proceso para trabajarlo de manera individual mediante un proceso de auto-indagación y responsabilidad con uno mismo.

Morrnah decía que: «los occidentales tienen grandes dificultades para dejar atrás el intelecto. Es difícil para la mente occidental captar un Ser Superior porque en las iglesias occidentales tradicionales, los Seres Superiores no se hacen visibles. El hombre occidental ha llegado al extremo con su intelectualismo, pues este divide y mantiene a las personas separadas. El hombre se convierte en un destructor porque maneja y se las arregla él solo, en lugar de dejar que la fuerza perpetua de la Divinidad fluya a través de él para realizar la acción correcta».

Morrnah reconoció la profundidad de la enfermedad y el dolor de lo que la civilización occidental necesitaba para sanar y ella sabía que Ho'oponopono podía ayudar en esta tarea.

La versión modernizada de Ho'oponopono fue influenciada por la educación cristiana (católica y protestante) y por los estudios filosóficos de la India, China y Edgar Cayce de Morrnah. Así como en la tradición hawaiana, ella hace un énfasis en la oración, la confesión, el arrepentimiento y el perdón y la restitución mutua. El propósito de su método es la liberación de experiencias y memorias negativas e infelices y así resolver y remover los traumas en nuestro subconsciente.

Este sistema es simple y puede ser utilizado con éxito por cualquier persona. El proceso de sanación incluye el alma y la conexión con lo Divino y consta de doce pasos. Morrnah dijo con respecto a este proceso: «Podemos apelar a la Divinidad que conoce nuestro plan individual, para la sanación de todos los pensamientos y recuerdos que nos están frenando en este momento. Se trata de ir más allá de los medios tradicionales de acceder al conocimiento sobre nosotros mismos».

Qué es Ho'oponopono

> *«El propósito principal de este proceso es el de descubrir la Divinidad en uno mismo. El Ho'oponopono es un regalo profundo que nos permite desarrollar una relación cercana con la Divinidad en tu interior y aprender a pedir en cada momento que nuestros errores de pensamiento, palabra, hecho o acción sean limpiados. El proceso se trata esencialmente de lograr la libertad, una completa liberación del pasado».*
>
> Morrnah Simeona

En agosto de 1980, a la edad de 67 años, Morrnah introdujo este proceso de sanación de Ho'oponopono en la Convención Mundial de Huna en Ponolu'u, Hawái. Ella pasó la siguiente década enseñando Ho'oponopono en los Estados Unidos, Asia y Europa. También enseñó el curso de Auto-Identidad con Ho'oponopono en la Universidad de Hawái, la Universidad Johns Hopkins y varias instalaciones médicas. (Khalsa, 2012)

Creó varias fundaciones diseñadas para difundir las enseñanzas de Ho'oponopono, los Seminarios Pacifica en la década de 1970, La Fundación de 'I' Inc. en 1980 y la sucursal alemana de Seminarios Pacifica en 1990. Fue autora de tres libros de texto, Auto-Identidad a través de Ho'oponopono. A la edad de 70 años, Morrnah fue reconocida oficialmente como Kahuna Lapa'au y fue nombrada Tesoro Viviente de Hawái en 1983. El mismo año fue invitada a presentar Ho'oponopono a las Naciones Unidas en la ciudad de Nueva York y a la Organización Mundial de la Salud.

A fines del otoño de 1990, Morrnah se embarcó en su última gira de conferencias y seminarios, viajando por Europa y Jerusalén. En enero de 1991 regresó a Alemania, donde vivía tranquilamente en la casa de un amigo en Kirchheim, cerca de Munich, hasta que falleció el 11 de febrero de 1992, a los 79 años.

Morrnah Nalamaku Simeona, Kahuna y sanadora, pasó su vida ayudando a otros a restaurar la luz interior y lograr la paz con ellos mismos, sus familias y sus comunidades. Se dice que, Morrnah era alegre y amable, con un cuidado compasivo y respeto por la vida. Era una mujer que hablaba poco, pero que era capaz de transmitir mucho a través de su presencia sanadora.

El método en la actualidad

Después de la muerte de Morrnah, algunos de sus alumnos continuaron con la administración de uno de sus institutos y con la enseñanza de Ho'oponopono a nivel global. Hoy en día, el Dr. Ihleakala Hew Len, aunque ya está totalmente retirado, es una de las personas más reconocidas de Ho'oponopono, aunque en realidad hay muchas otras que continúan el trabajo de compartir estas técnicas con el mundo.

El método que Morrnah desarrolló se transmite de forma casi precisa en el continente europeo a través de Pacific Seminars, en donde Michael Miklai ha compartido este proceso a través de seminarios y de su libro titulado "The Coronation of Consciousness".

El verdadero proceso de Ho'oponopono consta de catorce pasos en donde se busca realizar una limpieza mental a través del rezo, arrepentimiento, restitución mutua y perdón y dirigirlo a la Divinidad, esto fue lo que Morrnah Simeona convirtió y dejo como legado. A pesar de esto, lo que se conoce como Ho'oponpono hoy en día es lo que el Dr. Ihaleakala Hew Len ha resumido aun más, y aunque personalmente yo he visto grandes cambios con su utilización, para profundizar en nuestro trabajo es necesario llevar a cabo los 14 pasos de Ho'oponopono que Morrnah nos ha dejado.

El Dr. Hew Len estuvo varios años en el Hospital Estatal Hawái como psicólogo clínico. Obtuvo profundos resultados empleando este proceso con los criminales más peligrosos, violentos y «mentalmente enfermos». Sin embargo, él nunca los entrevistó o los trató profesionalmente. Trabajó sobre sus expedientes clínicos y luego realizó un trabajo con

Ho'oponopono sobre sí mismo. Limpiando sus juicios, creencias, actitudes y pidiendo a la Divinidad transmutar sus percepciones, pensamientos, y reacciones hacia los pacientes. A medida que esas memorias y pensamientos se limpiaban, el paciente mejoraba.

Al cabo de tres meses, se notó que el ambiente de la institución había tenido un cambio y los pacientes poco a poco iban mejorando. El Dr. Hew Len continúo haciendo su trabajo encerrado en su oficina y limpiando sus memorias con cada uno de los pacientes de la clínica; al cabo de cuatro años, la institución cerró sus puertas pues ya no había más pacientes que tratar. Algunos de esos pacientes habían sido curados o ya no era necesario que permanecieran en esa institución.

Cuando se le preguntó al Dr. Hew Len cómo había sucedido esto, el explicó que el se dedicó a limpiar la parte en sí mismo que había creado el tener esas experiencias de ver a los pacientes en esa institución psiquiátrica. Esto de acuerdo a Michael Miklei, fue hecho a través del proceso de 14 pasos y juntos Hew Len y Morrnah lo presentaron en Alemania como resultado de la utilización de Ho'oponopono Auto-Identidad.

En este método modernizado de Ho'oponopono el proceso se hace directamente entre el individuo y la Divinidad, sin estrés y en donde la persona es responsable al 100% de sí misma. Es un método extremadamente sencillo, que nos transforma desde nuestro interior y nos permite sanar heridas del pasado y todas esas ideas que tenemos guardadas en el subconsciente. Esta técnica es utilizada para limpiar, sanar y abrir nuestra mente, nos permite liberarnos de las memorias pasadas y de la programación guardada inconscientemente.

De acuerdo con el Dr. Hew Len el propósito de esta versión modernizada de Ho'oponopono es la de restaurar nuestra identidad, nuestra mente, y llevarla a su estado original de cero. Ese estaco que Buda llamaba vacío, Jesús llamaba pureza de corazón y Shakespeare lo refería como estado blanco, al cual se puede llegar a través de las herramientas de limpieza y principalmente utilizando el mantra principal: Te amo, Lo Siento, Perdóname, Gracias. (Ihaleakala Hew-Len)

En este estado de cero o de vacío, el Amor Divino reside, proporcionando inspiración para tener relaciones personales perfectas, salud y abundancia perfectas.

Lo que a mí me apasiona del Ho'oponopono es que no solo te ayuda a limpiar o a mantener tu mente sin ideas negativas, sino que además te ayuda a desarrollar una receptividad hacia lo positivo, hacia la Divinidad, lo cual te hace sentir realmente poderoso y capaz de lograr todo lo que deseas.

Es importante aclarar que, Ho'oponopono no es una religión, y como te mencionaba al inicio de este libro, tampoco se trata de que cambies tu religión o creas en algo que no te hace sentir bien. De hecho, lo que se recomienda (yo creo que todos los que practicamos Ho'oponopono lo hacemos) es que vayas aplicando poco a poco lo que aprendas en los cursos de Ho'oponopono o lo que leas en este libro, y conforme vayas profundizando en tu práctica, tú mismo te darás cuenta qué es lo que te hace sentir mejor, qué es lo que te ayuda realmente a limpiar sin conflictos y sin malestares. En muchas corrientes espirituales, se recomienda que tú seas el que decida si esta práctica te hace sentido a través de tu propia experiencia. No es necesario creer a ciegas lo que te trato de transmitir, sino que lo más recomendable es que lo experimentes. En budismo, una de las recomendaciones es que no aceptes todo lo que escuchas o leas pasivamente, pero tampoco lo rechaces inmediatamente. En su lugar, sé más abierto. Prueba y determina si las enseñanzas o la teoría aplica a tu vida, sí te hace sentir bien y cómo lo experimentas. Después de eso decide si continúas aplicándolo en tu vida o simplemente lo ignoras y continuas adelante.

«Si encuentras que la enseñanza te conviene, aplícala a tu vida tanto como puedas. Si no te conviene, déjala en paz.»
Dalai Lama

Qué es Ho'oponopono

Lo que para mí representa Ho'oponopono es una práctica espiritual que te permite comunicarte con esa parte interior sabia y creadora que todos llevamos dentro. No importa como le llames, alma o espíritu; a través de tu práctica podrás conectar con lo que tú consideras como la Divinidad y el Amor Infinito. Comenzarás a sentir como cada vez más te encuentras en contacto con tu Verdadero Yo, con tu intuición y poco a poco comienzas a desarrollar una apertura a tus emociones que te llevan precisamente a ese equilibrio que tanto buscamos.

Sin importar cuál sea tu creencia espiritual o religión, Ho'oponopono es una maravillosa herramienta que te permitirá lograr cosas que antes considerabas inalcanzables, cosas que algunos llamarían milagros.

12

¿QUÉ SON LOS PROBLEMAS?

El Dr. Hew Len nos pide reflexionar en lo que pasa cuando encontramos un problema en nuestra vida. ¿Te has percatado de que cuando hay un problema, siempre estás ahí? El problema surge cuando hay algo que desencadena una memoria almacenada en tu subconsciente y te encuentras reviviéndola.

Esto no quiere decir que tu atraigas problemas, más bien que un problema únicamente lo es cuando interpretas una situación como un problema. Tus memorias, todo lo que está guardado en tu subconsciente son el origen de tus problemas.

Morrnah solía decir que tendemos a ser perseguidos por nuestros miedos antiguos, emociones, ideas y reacciones, lo que contribuyen a nuestras angustias psicológicas actuales, pero también a las enfermedades físicas, ya que muchas enfermedades pueden «atribuirse puramente a las presiones que nos creamos». Como lo vimos

Qué son los problemas

anteriormente, al no estar conscientes en el momento presente, nos dejamos llevar por lo que hay en nuestro subconsciente, haciendo que esas memorias y experiencias se repitan en nuestra vida constantemente, no importa si lo vemos reflejado en otros actores, la emoción está ahí dentro de ti.

Los problemas son oportunidades que se te presentan para que tú limpies, para que esas memorias puedan ser borradas. Con Ho'oponopono no significa que nunca vas a tener problemas, significa que tú te encontrarás en paz sin importar lo que suceda en tu vida.

Con Ho'oponopono podemos ser más conscientes de lo que sucede en nuestra mente, pero también inmediatamente podemos regresar al momento presente. Adicionalmente, nos permite conectarnos con la inspiración, la cual te permite solucionar tus problemas y te dará respuestas a las preguntas que circulan en tu mente. Este proceso te permitirá resolver cualquier tipo de situación sin importar lo difícil que se vea, porque cualquier situación difícil o problema surge de un pensamiento.

Cuando aprendes a dejar ir el problema, en lugar de aferrarte a él y pensar en él todo el tiempo, verás que comienza a solucionarse y a desaparecer de forma casi inmediata.

> «Todos los problemas son memorias que se encuentran en ti mismo, no en tus padres, no en tu trabajo, no en el gobierno... en ti. La idea de Ho'oponopono es liberarse de estas memorias, después de esto todo lo que necesites, lo obtienes.»
> *Dr. Hew Len*

Todos los problemas surgen de la mente, así que la solución está en ti. De acuerdo con Morrnah Simeona, los problemas pueden ser resueltos aun sin saber qué es lo que está pasando o cómo lo vamos a hacer. El resolver los problemas es parte de nuestro propósito de nuestra existencia en este plano físico, y de esto se trata Ho'oponopono.

¿De qué forma te sirven los problemas?

Las situaciones que se nos presentan día a día nos pueden mostrar los contrastes, como lo vimos en los capítulos pasados, y así permitirnos desear algo mejor. Es posible también que estos problemas surjan como una forma en la que nos estamos proyectando o proyectando nuestra sombra. Por ejemplo, cuando te encuentras en una situación en donde hay alguien que te hace sentir enojado o te hace reaccionar negativamente, puede ser aun sin haber alguna razón aparente, es muy posible que esto sea porque hay algún aspecto de ti mismo que inconscientemente no te gusta o niegas.

Este problema o situación incómoda se te presenta como una forma que te lleva a que seas consciente de que hay algo en ti que puedes limpiar. Si no eres capaz de ver que eres tú el origen de esa situación, como responsable de tu vida, entonces la vida te dará muchas oportunidades en donde puedas limpiar esas memorias y ser consciente de que tú los puedes cambiar.

El conflicto te invita a que trabajes en esta parte de ti mismo, aquello que no reconoces o esas partes de ti mismo que no te gustan. El reconocimiento y el trabajo en ello te ayudará a eliminarlo y eliminar los bloqueos que te limitan e impiden tu desarrollo individual. Es por esta razón que, cuando estamos en algún tipo de conflicto o situación problemática y hemos hecho el trabajo de indagar en nuestro interior, es posible salir de ella transformado.

El mundo es un reflejo de lo que está sucediendo dentro de nosotros. Si experimentas malestar o desequilibrio, el lugar para mirar es dentro de ti mismo, no afuera del objeto que percibes como la causa de tus problemas. Cada estrés, desequilibrio o enfermedad puede corregirse simplemente trabajando en ti mismo. Con esta forma de Ho'oponopono, se trata de manejar y transformar este problema al conectarte con la Divinidad. No necesitas enfocarte en algo afuera de ti mismo para obtener respuestas o ayudar. No hay alguien fuera de ti mismo que te pueda dar información relevante acerca de ti mismo o tu situación.

Con Ho'oponopono este proceso es sumamente simple, todo lo que es necesario es aceptar tu responsabilidad y continuar limpiando. Al aceptar que tú eres el creador de tu vida y limpiar las memorias lograrás erradicarlas permanentemente.

> *«Ve si puedes cacharte quejándote, ya sea en forma hablada o pensando, sobre una situación en la que te encuentras: lo que otras personas hacen o dicen, tu entorno, una situación en tu vida, incluso el clima. Quejarse siempre significa que no aceptas lo que es. Invariablemente, esto lleva una carga negativa inconsciente. Cuando te quejas, te conviertes en una víctima. Deja la situación o acéptala. Todo lo demás es locura.»*
> *Eckhart Tolle*

Tenemos esa creencia de que no podemos controlar lo que nos sucede, que todo es aleatorio, que estamos siempre a expensas de algo o alguien más, haciéndonos sentir víctimas de nuestra propia vida. Lo cierto es que vivimos en un mundo muy sabio y todo lo que vemos desenvolverse en nuestra vida tiene una forma natural de surgir. Recuerda este mundo fue creado por la Divinidad, por el Amor Infinito, no podrías ser menos que perfecto. No hay coincidencias en este mundo, todo se presenta por una razón. No hay buena o mala suerte, no te levantaste un día con el pie izquierdo, la vida es un proceso diseñado de la forma más inteligente que nos permite evolucionar y llegar a ser el mejor individuo que podamos.

Todas las personas que ingresan a tu vida vienen a ti precisamente en el momento en que más las necesitas, pues son esas personas que te ayudarán a aprender algo de ti mismo o de la vida misma.

Recuerdo muy bien una historia que Mabel Katz menciona en uno de sus cursos, y decía que en uno de sus viajes con el Dr. Hew Len, se encontraban en un elevador, cuando una persona más entro en él. El Dr. Hew Len le comentó: «¿Te imaginas que esta persona está en este elevador, en este preciso momento solo para que tú limpies?» Con esta forma de pensar, la emoción que surge de forma natural es la de agradecimiento, y entonces puedes realmente conectar con la Divinidad con tan solo decir «Gracias». Solo te toma decir «gracias» en cada momento para estar presente, para mejorar cualquier situación y para abrirte al amor infinito.

Las dos preguntas que te ayudarán a resolver problemas

Para resolver los problemas es necesario hacerte dos preguntas: ¿quién soy? y ¿quién está a cargo?

Tú eres más que tu mente. En realidad, no eres ni tu cuerpo ni tu mente, si no un ser hecho a imagen y semejanza de la Divinidad. Si no sabes quién eres y existe un momento en donde te enojas, sigues pensando que son las otras personas las que te llevan a enojarte, es importante recordar que todo es un espejo, esa persona que «te hace enojar» es el reflejo de tu propia sombra lo que estás viendo.

En realidad, eres un ser perfecto, es nuestra condición como seres humanos la que no es perfecta. Si no tuviéramos debilidades y cualidades que desarrollar cuál sería el objetivo de nuestro viaje por este mundo. Algunos maestros espirituales dicen que el camino no tiene valor si ya hemos llegado al destino. Esas cosas que consideramos nuestras debilidades y nuestros defectos son las cosas que tienen el potencial de llevarnos a ser una versión mucho más consciente de nosotros mismos. Es a través de nuestro trabajo interior que podemos verdaderamente desarrollar y dejar fluir a nuestro Verdadero Ser.

Si quieres tener más en tu vida, si quieres vivir más en abundancia y en alegría es necesario que seas más tú mismo. Este viaje no se trata de tener más, se trata de ser más. Para tener una nueva vida, es necesario pensar, sentir y actuar como lo que realmente eres, un ser hecho a imagen y semejanza de la Divinidad.

> *«Solo haciéndonos semejantes a Dios podemos conocer a Dios, y hacernos semejantes a Dios es identificarnos con el elemento divino que en realidad constituye nuestra naturaleza esencial, pero del que, en nuestra ignorancia, casi siempre voluntariamente, preferimos seguir siendo inconscientes.»*
>
> *Aldous Huxley*

Al seguir con esta identificación con tu ego, es decir con tu personalidad lo que la mayor parte de las personas creen que son, los problemas se mantienen surgiendo de esas etiquetas que vas vinculando a tu ser. Además, las memorias y tu sistema de creencias te llevan a ver la repetición de ciertas cosas en tu vida, problemas o situaciones que te hacen sentir inquieto o que te quitan la paz.

Para reflexionar un poco más acerca de lo que hoy en día quieras cambiar o consideres un problema entonces te puedes hacer las siguientes preguntas, las cuales te ayudarán a abrirte a comprender realmente lo que está sucediendo.

- ¿Qué tengo yo que pueda dar lugar o relacionarse con esta situación o problema?
- ¿Qué conductas y patrones repito?
- ¿Qué memorias hay relacionadas?
- ¿Cómo actúo en esta situación y cómo la resuelvo?
- ¿Qué pienso al respecto?
- ¿Cómo me siento al respecto? ¿Qué sentimientos mantengo?
- ¿Qué puedo hacer para mejorar esta situación?

Después de hacer alguna de estas preguntas puedes decir la siguiente oración y dejar que esa conexión con la Divinidad te ayude a limpiar las memorias que generan un problema, una situación o una persona que te quite la tranquilidad.

Divinidad, por favor limpia en mí lo que sea que esté contribuyendo a esta situación o problema
Lo siento, por favor perdóname por lo que sea que en mí haya generado esto

Como siempre les digo a las personas que trabajan conmigo, probablemente no tengas las respuestas en ese momento, pero sin lugar a duda el hacer la pregunta hace que te abras a ver otras posibilidades, y eventualmente esa respuesta llegará a ti, por medio de inspiración y en el momento que menos te esperes. Ya sea a través de una memoria o de una imagen, o simplemente sentirás que esa respuesta llega a ti.

El hacerte estas preguntas o una de ellas invita a tu consciente a dejar de buscar soluciones racionales y le dice a tu subconsciente que comience a limpiar esas memorias al tomar responsabilidad por la situación y tus emociones. Recuerda que aun cuando no tengas respuesta a las preguntas, el hecho de hacerlas refleja que tú estás tomando responsabilidad por lo que está sucediendo en tu vida.

Algunas personas preguntan constantemente qué es lo que tengo que hacer con cierta persona que me trata mal o que me quita la tranquilidad o que me hace enojar. Es aquí en donde más atención debemos de poner, porque nuevamente estamos pensando como si lo exterior fuera la causa de las emociones y continuamos con la creencia de que lo exterior puede hacerte daño. Esto no funciona así en realidad; todo lo que ves es un reflejo de tu interior. Ya sea que le llames memorias o programación o sistema de creencias, todo esto está sucediendo de manera automática si no tomas las riendas de tu vida. Tomando la responsabilidad y limpiando esa memoria y esas creencias es como podrás tener mejores experiencias y relaciones personales más profundas.

«No puedes resolver un problema con el mismo nivel de consciencia que con el que lo creaste»
Albert Einstein

Qué son los problemas

Entre más pronto trabajes en limpiar tu memoria más rápido regresarás a un estado de tranquilidad y paz interior. No tienes que tener discusiones o peleas, nadie puede sacarte de tu tranquilidad sin tu consentimiento. En cuanto una situación se presente, tú comienzas a trabajar en ti mismo.

Esto es lo más bonito e inspirador de Ho'oponopono y una de las cosas que a mí me hace sentir mejor, es que no tienes que hacer nada físico, simplemente limpiar a través del mantra y listo, no es necesario buscar afuera de ti mismo para encontrar la solución o la tranquilidad.

Uno de los beneficios de Ho'oponopono es que nos hace más alerta, con lo que evitamos ir por la vida en automático y nos ayuda a actuar basados en inspiración en lugar de las creencias que permitimos nos guíen diariamente. Sólo así podemos cambiar nuestras vidas, cambiando nuestras ideas, pensamientos y las creencias de nosotros mismos.

13

TU RESPONSABILIDAD

Tenemos tanto poder dentro de nosotros, sin embargo hemos perdido esta conexión con el Universo, con esa sabiduría de que somos parte de esta maravillosa creación y de nuestro propio poder de crear nuestra propia vida. Parte de la razón por la que estamos estancados es porque nos dejamos llevar por el miedo que este conocimiento nos puede traer, el miedo de tomar la responsabilidad de tu vida. Sin embargo, las posibilidades en tu vida son infinitas, si no vamos más allá del miedo la posibilidad es que nos quedemos en donde estemos, bloqueando nuestro propio desarrollo, nuestro propio poder creativo y que no logremos vivir la vida extraordinaria que estamos destinados a vivir.

Ser responsable de todo lo que nos sucede y de lo que vivimos es sumamente importante para crecer y mejorar como individuos, aunque es cierto que la mayor parte del tiempo nos la pasamos culpando a alguien por lo que nos sucede o por lo que experimentamos en nuestra

Tu responsabilidad

vida. Es una costumbre de ir pensando que las circunstancias de nuestra vida no las podemos cambiar, debido al gobierno, al país, al vecino, al jefe o a tus padres, y sin querer adoptamos un rol de víctimas en nuestra propia vida.

Debemos de reconocer que somos responsables de lo que pensamos, de cómo actuamos y cómo respondemos a la gente, a las acciones y a los eventos que suceden en nuestras vidas. Es decir, nuestra calidad de vida está determinada no por lo que nos pasa, sino por cómo respondemos a cada una de las situaciones que se nos presentan.

Si hay algo que no marcha bien en tu vida, es importante que lo primero que hagas es examinarte a ti mismo; esto indudablemente te dará la respuesta al por qué está sucediendo algo determinado o por qué estás viviendo las experiencias que vives actualmente. Eres totalmente responsable de tu presente, de lo que en este momento estás viviendo.

Es importante que comprendas que cualquier cosa que experimentemos empieza con lo que está sucediendo adentro de nosotros. Cualquier relación que tengamos en el exterior con cualquier persona, comienza con nosotros mismos. Si estás en paz contigo mismo, entonces estarás bien en general y con el mundo.

Si has tenido resentimiento o enojo hacía alguien en el pasado, y actúas en base a esa experiencia es muy posible que trates a la gente con enojo o resentimiento, pues es lo que mantienes en tu subconsciente gran parte del tiempo y sin querer es la forma en la que actúas. De la misma forma, la gente con baja autoestima se encuentra en un círculo vicioso de pensar que la gente lo trata mal, y su subconsciente le presenta situaciones en donde se comprueba la misma premisa.

Nathaniel Branden, un psicoterapeuta canadiense-americano, ha hecho muchos estudios en donde comprueba cómo la gente con baja autoestima tiene comportamientos de agresividad, son demasiado sensibles, tímidos, se preocupan demasiado o sufren de ansiedad, además tienden a culpar a otras personas y hasta pueden desarrollar ciertos comportamientos de abuso de sustancias. Esto solo comprueba lo que te he mostrado en la primera parte del libro, en donde nos encontramos en un ciclo en donde continuamente vemos y experimentamos el mundo y nuestras relaciones como un reflejo de nuestras creencias y la forma en la que nos vemos a nosotros mismos. Por lo que si continúas actuando en base a ese patrón seguirás viendo los problemas como algo externo y tu vida no podrá cambiar.

Es necesario empezar a desarrollar la habilidad de tomar responsabilidad. Toma en cuenta que no se va a desarrollar de un día para otro, más bien hay que dar pequeños pasos para desarrollar el amor por ti mismo, mejorar tu autoestima y que tú te empieces a dar cuenta que realmente la decisión de cómo vivir tu vida y cómo desarrollarte radica únicamente en ti. Eres tú quien debe aprovechar cada oportunidad que tienes y sacar el mayor provecho de ella.

Una vez que decides tomar responsabilidad de tu vida, entonces estarás en posición de crecer y progresar y lo más importante aprender de tus errores y poder así mejorar tu vida.

Ho'oponopono se trata de encontrar esa paz contigo mismo. Es por eso, que uno de los pasos más importantes es tomar responsabilidad de lo que vivimos de lo que nos pasa, de nuestras experiencias y de nuestro mundo.

*«El propósito de la vida es ser restaurado de nuevo al amor, momento a momento. Para cumplir con este propósito, el individuo debe reconocer que es 100 por ciento responsable de crear su vida de la manera que es. Debe llegar a ver que son sus pensamientos los que crean su vida tal como es momento a momento. Los problemas no son las personas, los lugares o las situaciones, sino los **pensamientos de ellos**. Debe llegar a apreciar que no hay tal cosa como allá afuera».*

Dr. Hew Len

Tal vez sea un poco difícil entender esto, sobre todo porque hemos crecido con la idea de que somos víctimas. Es decir, pensamos que no estamos en control, que siempre alguien más decide por nosotros, o que estamos a expensas de lo que los demás hagan para sentirnos bien o mal. O vivimos con miedo de que algo malo nos suceda.

Elige ser responsable

Ho'oponopono es un proceso de perdón, arrepentimiento y transformación. Cada vez que utilizamos estas herramientas, estamos eligiendo ser responsables. Estamos eligiendo liberarnos de nuestras ideas, pensamientos y memorias imperfectas, y sintonizarnos con la inspiración.

Quiero hacer énfasis en el hecho de que la culpa no es lo mismo que ser responsable, el ser responsable no tiene ningún juicio, ni sentimiento de culpa o vergüenza, sino que se enfoca en el hecho de que tú eres capaz de cambiarlo.

Si sucede algo en tu vida, por ejemplo, estás cansado y terminaste gritándole a tu hijo por algo que hizo, muchos tendemos a sentirnos mal pues tratamos de desarrollar una crianza consciente y estos comportamientos no son los ideales, sin embargo, esta es una oportunidad para caer en cuenta que algo sucedió, que tú no eres tus actos. Tú no eres esa persona enojada, tal vez actuaste como tal por un instante. Así que inmediatamente tomamos responsabilidad por el hecho y decidimos limpiar esa memoria, agradeciendo la oportunidad, en primero por darte cuenta y en segundo por que esa experiencia te llevará a borrar esa memoria y posteriormente podemos pedir perdón.

Cada momento estamos eligiendo y decidiendo lo que manifestamos, creamos y experimentamos en todos los aspectos de nuestra vida. Las relaciones aparentes con otros es lo que nos permite conocernos a nosotros mismos, a través de estas experiencias. Estamos en todo momento relacionándonos con nosotros mismos, aun cuando pensemos que tenemos un vínculo con alguien más, esto no es más que una ilusión.

Si conoces la ley de la atracción, tal vez hayas escuchado esto, lo que pienses es lo que atraes y esto es lo que forma tu realidad. Al enfocarte y controlar lo que piensas y lo que sientes, puedes moldear tus circunstancias y eventos en tu vida.

Tus pensamientos, conscientes e inconscientes envían una señal a la Conciencia Universal, y así atraemos exactamente lo que estábamos sintiendo en ese momento. Si constantemente estamos enviando señales de escasez, de problemas, pensamientos y emociones negativas, entonces eso es lo que vamos a atraer de regreso.

> *«Un hombre es el producto de sus pensamientos, lo que piensa es en lo que se convierte»*
> *Mahatma Gandhi*

¿Te has puesto a reflexionar en lo que piensas todo el tiempo? Claro, puedes estar pensando, «pero ¿cómo voy a atraer todo lo que no me gusta?», «¿cómo puedo crear un mundo lleno de violencia, odio y miedo?» «¿Por qué me pondría en esta situación de pobreza, de enfermedad o de insatisfacción?»

Todos nos hemos hecho esta pregunta alguna vez en nuestras vidas, pero la respuesta corta es: «claro que no lo haces de manera deliberada». Y aquí es importante que recuerdes cómo se crea tu sistema de creencias, qué es lo que haces la mayor parte del tiempo y cómo tu subconsciente juega un papel importante en cómo ves la vida y las situaciones diarias.

Si recuerdas, el 90% de las cosas que piensas y haces diariamente es básicamente lo mismo, eso que se encuentra guardado en tu subconsciente. En otras palabras, actúas la mayor parte del tiempo de forma automática. Otros autores mencionan que todos los días pensamos exactamente lo mismo, las mismas ideas, las mismas creencias. ¿Te imaginas que todo lo que haces ni siquiera estás el cien por ciento consciente de ello y además es totalmente repetitivo?

La mayoría de nuestras decisiones, acciones e ideas diarias son basadas en experiencias y memorias pasadas repitiéndose en tu mente. En psicología, se dice que tu subconsciente se forma desde que naces hasta el final de tu adolescencia, que es cuando se termina de formar tu corteza prefrontal; todo lo que viviste y aprendiste durante este tiempo es en su mayoría los programas que tienes guardados en el subconsciente.

Con esta filosofía tienes que entender que no hay nadie a quien echarle la culpa o esperar a que te salve, tú mismo te puedes salvar, todo lo que ves a tu alrededor puede transformarse.

En un artículo, el Dr. Hew Len compartió:

«Lo maravilloso de la vida es que no hay nadie afuera que nos salve, más que nosotros mismos. Experimentamos nuestros problemas como memorias que constantemente se repiten en nuestra mente subconsciente. La Auto-Identidad con Ho'oponopono se trata de limpiar: de liberar la información (las memorias) de nuestra mente subconsciente que nos hace ver como alguien enfermo o imperfecto».

De hecho, las personas son perfectas, son una creación del Amor Divino. Tú y yo somos perfectos, juntos con todas las creaciones del Amor Divino.

Si todos los demás son perfectos, entonces ¿por qué los percibimos como si estuvieran enfermos de cáncer? Ese sufrimiento que vemos en una persona enferma es simplemente nuestras memorias repitiendo el pasado una y otra vez en nuestra mente subconsciente.

Muchas personas tienen dificultad en aceptar que son responsables de ciertas situaciones que se presentan en la vida o debido a la actitud de otra gente. Esto es igual a no confiar y no tener fe en la magnificencia del Universo y nuestro rol en él. Esto explica por qué no hay magia en sus vidas. Si esto te es difícil de aceptar, simplemente tienes que aceptar que eres responsable de la forma en la que respondes. Tú decides si dejas ir la situación y la emoción que te genera o si prefieres quedarte sufriendo esa situación. Cuando trabajas con Ho'oponopono, trabajas en limpiar esas memorias, y solo así encuentras la paz mental y tomas el cien por ciento de responsabilidad.

> *«Lo que las otras personas hagan o digan es una proyección de tu propia realidad, de tu propio sueño. Cuando eres inmune a las opiniones y acciones de los demás, dejarás de ser la víctima de un sufrimiento innecesario».*
> *Don Miguel Ruiz, Los cuatro acuerdos.*

Ahora, es importante que te diga que Ho'oponopono va un paso más allá de lo que tú dices, haces, piensas y sientes; este concepto incluye lo que otros te dicen y te hace o la forma en la que los percibes. Ya sé que esto puede resultar un poco dramático y hasta asustarte un poco, pero si lo ves desde un punto de vista más positivo puede ser muy liberador. Esto significa que dejamos de culpar a los demás por lo que nos sucede y por lo que experimentamos en nuestra realidad. No es tu culpa lo que vives, o la forma en la que creciste o lo que te sucedió, pero si es tu responsabilidad cambiar tu experiencia el día de hoy.

El tomar responsabilidad total de lo que aparece en tu Universo parece demasiado, pero en realidad te da un empoderamiento que antes no conocías. Significa que ya no puedes esconderte tras la falsa apreciación de que alguien más te hizo algo y en su lugar te da el control de tus propios pensamientos, sentimientos y percepciones. Esta responsabilidad total es algo que al incluir una práctica de Ho'oponopono diaria podrás experimentar y que te dará ese sentimiento de que puedes cambiar y lograr cualquier realidad que desees.

> *«No es tu culpa, pero es tu responsabilidad transformar los problemas que aparecen en tu Universo»*

Llegar a aceptar totalmente este concepto puede llevarte un poco de tiempo, pero conforme vayas creando tu práctica diaria de Ho'oponopono comprenderás y abrazarás este concepto.

La paz inicia conmigo mismo

El inicio de una conciencia más elevada es el adoptar la meta de desarrollar un liderazgo interno. No un liderazgo como lo conocemos a nivel empresarial o el acto de influir en las personas o un grupo de individuos, sino más bien el dirigir nuestros esfuerzos para desarrollar una responsabilidad personal, el autodescubrimiento y el crear un valor en este mundo en donde vives y con la gente que te rodea.

Tomar responsabilidad es tener la habilidad de responder con inspiración, en lugar de reaccionar en base a nuestras memorias. En el momento presente es el único instante en donde podemos decidir cómo queremos interpretar el momento que estamos viviendo y cómo nos relacionamos con dicha situación.

Muchos piensan o insisten en seguir manteniendo la creencia de que alguien más nos causa un estado emocional. Por ejemplo, «estoy enojado por que mi pareja me dijo...», «mi jefe me hace la vida imposible», «mi vecino tuvo una fiesta que me mantuvo despierto toda la noche», «mis hijos me hacen enojar». La verdad en todos estos escenarios es que nos enojamos o nos estresamos por el juicio que mantenemos en cuanto a la situación, las ganas de cambiar el ahora, el pensar cómo debería de ser dicha situación, o cómo debería de ser o cómo debería responder la otra persona. Al culpar a alguien más por nuestra frustración o nuestro dolor estamos cediendo el control de nuestra vida a alguien más. Estamos diciendo «no» a nuestra responsabilidad de cambiar nuestra situación. Es importante recordar que, nada afuera de ti es responsable por tu estado emocional. Tú eres el conductor de tu vida y el que tiene el poder de mantener tu bienestar emocional en todo momento.

Ya hemos pasado mucho tiempo culpando a los demás por nuestra vida, pero esto no es más que una excusa para no retomar nuestro propio poder. Al abandonar la culpa abandonamos la necesidad de querer cambiar al mundo para que nuestra vida cambie o para ser felices. Abandonas la culpa hacia tu jefe, hacia tus padres o hacia ese extraño en la calle que se te atravesó y te «hizo enojar». Es aquí en donde realmente puedes hacer uso de este liderazgo interior, estás asumiendo quién es el líder en tu vida. Cuando te veas al espejo y comprendas que solo tú eres el responsable de tu vida y de cambiarla, es entonces cuando comenzarás a transformarte, a mejorar tus circunstancias y mejorar tu vida.

«La paz inicia conmigo mismo»

Dr. Hew Len dice que Ho'oponopono se trata de ver en tu interior y encontrar errores, bloqueos en tu mente subconsciente que es lo que hace que veas problemas, juicios y cualquier otro tipo de situaciones que te sacan de tu tranquilidad y paz interior.

La gente que aparece en tu vida, no lo hace por coincidencia. Cuando alguien dice o hace algo que te molesta, puedes molestarte y quejarte, pero también puedes entender que esa persona es solo una proyección de ti mismo.

> *«Existe solo una relación; la relación que tienes contigo mismo. Las otras personas y los eventos son ángeles y milagros, llamados por ti mismo y puestos en tu camino para que descubras a tu verdadero yo».*
> Anónimo.

Me encanta una analogía que Jocelyne Ramniceanu hace en su libro, Palabras Mágicas, y menciona que cuando te enojas con alguien más por lo que hizo o dijo, es como si entrarás a un cine, te acercarás a la pantalla en donde se muestra la película y le dijeras: «¿Por qué me estás haciendo esto a mi?». De la misma forma, el reaccionar ante lo que vemos no tiene sentido en la vida diaria. Desde el punto de vista Ho'oponopono, en lugar

Tu responsabilidad

de irritarnos o enojarnos con esa proyección de nosotros mismos, mejor decimos «Gracias, Te amo». Esto nos permite liberar esa memoria de nosotros mismos y dejar de experimentar esa situación.

Morrnah dijo en una entrevista que el principal objetivo de Ho'oponopono es descubrir la Divinidad dentro de uno mismo. Ho'oponopono es un regalo profundo que le permite a uno desarrollar una relación de trabajo con la Divinidad interna y aprender a pedir que en cada momento se limpien nuestros errores de pensamiento, palabra o acción. El proceso se trata esencialmente de libertad, completa libertad del pasado. Y sólo la Divinidad puede hacerlo. sólo la Divinidad puede corregir o borrar recuerdos y formas de pensamiento. Así como la Divinidad nos creó, solo la Divinidad sabe lo que le ocurre a una persona.

En este sistema no hay necesidad de analizar, resolver, manejar o superar problemas. Como la Divinidad creó todo, puedes ir directamente a ella y pedirle que todo sea corregido y limpiado.

El Dr. Hew Len menciona en sus libros que la respuesta constante de Morrnah hacía preguntas de ¿cómo le hago para mejorar esta situación? o ¿cómo puedo cambiar a esa persona porque me molesta?, ella siempre respondía «mírate a ti mismo, mírate a ti mismo».

Cuando te miras a ti mismo y aceptas que son tus propias memorias las que hacen realidad lo que experimentas, sientes el poder de cambiar tu realidad. Cuando cambias tu interior, cambias tu mundo entero. Mírate a ti mismo, limpia tus memorias y haz cambiar tu mundo exterior.

Te comparto una frase que el Dr. Luc Bodin nos recomienda como ayudante en momentos en donde encontramos un problema o estamos en una situación que nos saca totalmente de nuestra armonía. Además, como te darás cuenta, esta frase te ayuda a tomar responsabilidad total de la situación y te permitirá liberarla.

«Soy creador total de lo que me pasa y acepto la situación.
Sé que está producido por una memoria y decido liberarla.
También pido a mi niño interior o a mi subconsciente que
deje ir esa memoria y me permita liberarla. Le pido a mi

alma, que está unida a mi Divinidad interior, que limpie la memoria para purificar y transmutarla en luz».
Luc Bodin

La verdadera libertad y el poder proviene de tomar responsabilidad de cada emoción y experiencia que tenemos. Te darás cuenta que entre menos juzgues a otros, menos te juzgarás a ti mismo.

14

EL MANTRA DE 4 FRASES

La práctica de Ho'oponopono puede ser tan sencilla como simplemente repetir constantemente el mantra con las 4 palabras sanadoras: «Lo siento, Por favor perdóname, Te amo, Gracias». De hecho, muchas veces es suficiente con decir, «Gracias, Te amo».

Un mantra es un arreglo de palabras o sílabas que son cantadas o repetidas constantemente. Los mantras ayudan a la mente a mantenerse enfocada y centrada en el momento presente. En mi opinión, después de la meditación, la repetición de mantras puede ser una de las formas más importantes que te ayudarán a desarrollar tu práctica espiritual.

En su libro «Words can change your brain» (Las palabras pueden cambiar tu cerebro), el doctor Andrew Newberg menciona cómo una simple palabra tiene el poder de influenciar la expresión de los genes que regulan el estrés físico y emocional. Además de esto, Newberg revela la relación entre las palabras y nuestro cuerpo que va más allá de los genes, impactando directamente en nuestra propia realidad. Pues a lo largo del tiempo la estructura del tálamo, una pequeña glándula cerca del cerebro, también cambia en respuesta a las palabras, pensamientos y emociones conscientes, con lo que en realidad estás afectando la forma en la que percibes la realidad. (Braden, 2020)

Recientemente, se han hecho descubrimientos en biología y la neurociencia que demuestran como las palabras influencian la química de nuestros cuerpos, las neuronas en nuestro cerebro y la forma en la que esas neuronas se conectan, lo que ayuda a determinar lo qué pensamos de nosotros mismos y el cómo resolvemos los problemas. Esto comprueba la eficacia de todos esos mantras, oraciones e himnos utilizados por nuestros ancestros y que han sido pasados de boca en boca.

En años recientes, la meditación con mantras se ha vuelto mucho más común y accesible para las personas, por lo que su práctica se ha ido incrementando. El hecho de repetir un mantra durante tu meditación te ayuda a entrar en ese trance que te ayuda a desarrollar una consciencia espiritual mucho más elevada. Este tipo de meditaciones han demostrado tener efectos positivos en la salud, de entre los cuales podemos nombrar:

- La reducción de la presión arterial
- La reducción del ritmo cardíaco
- La reducción del riesgo de sufrir depresión y ansiedad
- Mejorar las relaciones personales y el bienestar en general
- Es una forma efectiva de liberarnos de las emociones no gratas
- Alinear tu vibración para crear una consciencia más elevada

El repetir mantras puede crear cambios positivos y llevarte a un estado mucho más profundo de meditación. Algunos estudios científicos han demostrado que la gente que repite de forma regular algún tipo de mantra tiene mejores habilidades de mantenerse tranquilo en situaciones estresantes, que la gente que no tiene esa práctica.

Como lo vimos anteriormente, tu mente está divagando cerca del cuarenta por ciento, y estamos repitiendo constantemente lo que existe en nuestro subconsciente el noventa por ciento del tiempo que estamos despiertos. El repetir mantras constantemente te ayuda a enfocar a tu mente en el desarrollo de tu espiritualidad y en evitar que te sigas identificando con tu ego y con tu personalidad.

Imagina que cada vez que sientas emociones negativas en tu cuerpo, como el sentirte triste o deprimido, enojado o estresado, pudieras enfocarte inmediatamente en repetir tu mantra. Si lo intentas, te percatarás que esta repetición te ayuda a salir de esa emoción y liberarla mucho más rápido que anteriormente o puede ayudarte a no dejarte llevar por la emoción.

En su libro, «El Manual de la Ascensión», Joshua David Stone nos dice que la repetición de estos mantras o simplemente la repetición del nombre de Dios construye una fuerza espiritual y purifica, limpia y sana nuestros cuerpos. Cuando repites estos mantras estas programando la perfección en tu mente subconsciente. Esto invariablemente crea la perfección física, emocional, mental y espiritual.

«El mantra es como una semilla que eventualmente crecerá en un hermoso árbol. El árbol es un símbolo de la realización de Dios.»
Joshua David Stone, PhD.

Las 4 frases sanadoras

Las palabras de Ho'oponopono son códigos que activan las partículas que componen nuestra realidad junto con los pensamientos y las acciones. Son muy poderosas según la intención que depositemos en ellas. En realidad, al repetir estas palabras estás dejando que la Divinidad limpie cualquier información errónea guardada en tu subconsciente. Ni siquiera es necesario que sepas exactamente qué es lo que deseas limpiar, la Divinidad en ti sabe perfectamente qué es lo que limpia.

Esta Divinidad es lo que conocemos como tu Yo Superior o alma o tu Yo verdadero, y es esta parte en ti la que contiene la solución perfecta a tus problemas y la respuesta a todas tus respuestas. Al repetir constantemente el mantra, estamos pidiendo a nuestro subconsciente que se conecte con esa Divinidad a que limpie ese problema, permitiendo que la inspiración surja dentro de nosotros mismos.

La práctica de Ho'oponopono es una práctica sumamente sencilla, que involucra el arrepentimiento, el perdón, la gratitud y el amor. Estas frases de Ho'oponopono pueden ser repetidas en cualquier momento y para cualquier cosa, las puedes repetir en tu mente o en voz alta. Las frases en sí mismas son poderosas, aun si no comprendes intelectualmente el por qué funcionan o cómo lo hacen y en sí mismas pueden cambiar las cosas para ti. Algo que a mí realmente me encanta, es que es algo tan sencillo que todos podemos hacer sin necesidad de tener que acudir a alguien más, o pedir ayuda, al repetir nuestras frases estamos cambiando nuestra propia realidad y al mismo tiempo estamos ayudando a cambiar la consciencia colectiva.

La práctica de Ho'oponopono involucra la repetición de las siguientes cuatro frases:

Te amo, Lo siento, Por favor perdóname, Gracias

Lo siento

Al decir lo siento nos hacemos responsables frente a la situación manifestada. Nos lo decimos a nosotros mismos para liberar una memoria errónea que habita en nosotros y por las cargas del pasado, es decir, todo lo que te ha hecho sufrir. Significa que has reconocido que hay algo, sin importar lo que sea, que entró en tu cuerpo o mente.

Decimos esta frase poderosa no hacia la gente o hacia Dios, sino a ti mismo, pues te encuentras experimentado una situación poco placentera en tu vida y es necesario deshacerte de esa memoria.

Por favor, perdóname (Perdón)

Con esta frase estamos pidiendo a nosotros mismos el reconocer que tenemos una memoria errónea o equivocada y pidiéndole a la Divinidad que te ayude a limpiarlas.

> *«No dices "Por favor, perdóname" a lo Divino porque lo Divino necesita escucharlo; lo dices porque tú necesitas escucharlo».*
>
> Dr. Ihaleakala Hew Len

Esto se trata de perdonarte a ti mismo por estar en este trance de no ser consciente y de crear cosas que no son agradables. No se trata de sentirte culpable o sentirte mal, se trata de aceptar que has creado una realidad siendo inconsciente de ello y que has cometido errores debido a que has sido influenciado por esa información errónea en tu subconsciente. Las frases «Lo siento» y «Por favor, perdóname» también están ayudándote a reconocer que estás dispuesto a tomar responsabilidad para corregirlo.

El método moderno de Ho'oponopono siempre se enfoca en ti mismo, en perdonarte a ti mismo, no se trata de perdonar a otros. Recuerda el principio de Responsabilidad Total circula únicamente alrededor de ti mismo y en efecto este proceso se trata de reconocer y aceptar que todo lo que aparece en nuestra realidad, incluyendo nuestra percepción de la gente problemática, es una co-creación en la que nosotros participamos. Pero es importante que veas que, es simplemente un error dentro de nosotros que crea esa experiencia que estamos teniendo. Al repetir esta frase, en conjunto con las otras tres, nos ayuda a lograr una paz interior mucho más grande.

Gracias (Agradecimiento)

Gracias es una palabra mágica, es como una llave para abrir la puerta a la transformación. Esta palabra tiene un poder inmenso, tiene la habilidad de cortar cualquier energía negativa. Tal vez resulta un poco difícil dar las gracias cuando te encuentras en una situación difícil o algo que no deseas, pero toma en cuenta que no estás dando las gracias por la situación en sí misma, sino agradeces a las memorias por haberse manifestado en esa experiencia y darte la oportunidad de limpiarlas. Confías en que todo va a ser resuelto y que tus memorias van a ser transformadas.

Recuerda el consejo del Dr. Hew Len, imagina que esta situación o persona se te presenta para que tú puedas mejorar, para que puedas transformar esas memorias y trascender. Es magnifico la emoción que esta forma de pensar te puede traer. Te permite ver tu vida diaria con otros ojos, con una mentalidad de gratitud verdadera.

Al dar gracias constantemente, te estás sincronizando con ese estado de conciencia llamado gratitud. Este es un estado muy poderoso en el que puedes encontrarte, el cual tiene una similitud con la frecuencia vibracional del amor. No hay nada más poderoso que el vivir en gratitud, el desarrollar esta conciencia de lo afortunados que somos en este momento nos da una perspectiva y una apreciación por todo lo que sucede en nuestras vidas de lo cual podemos sentirnos verdaderamente agradecidos.

Entre más agradezcas, más cosas para agradecer encontrarás. El vivir en un estado de gratitud continuo te ayudará a experimentar tu vida de forma más auténtica y podrás encontrar el valor de lo que realmente es importante en ella.

Las cosas que comiences a apreciar comenzarán a tomar más valor en tu vida, si agradeces las amistades que llegan a tu vida, entonces se volverán más valiosas para ti. Si comienzas a apreciar tu buena salud, comenzará a ser más valiosa para ti y la verás como más importante. Esto indiscutiblemente, cambiará la forma en la que ves al mundo, encontrarás más placeres en cosas que antes dabas por sentado.

Practicar la gratitud en tu vida es practicar el amor en tu vida. La gratitud es abrir tu corazón y amar cada cosa que se te presenta en ella.

Este agradecimiento puedes dirigirlo hacía ti mismo, hacia otros, a tu niño interior, al Universo, o hacia cualquier otra cosa y con esto ser capaz de atraer muchas más cosas por las cuales estar agradecido. Aunque la mejor forma, es dirigirlo hacia la Divinidad. Al expresar tu gratitud hacia la fuente Divina de Amor Incondicional es realmente mucho más poderoso y adicionalmente te ayuda a recordar tu esencia Divina.

Te amo (Amor)

El amor es un potente transformador, como te decía al inicio, no hay cosa que el amor no pueda transformar. En Ho'oponopono le decimos a nuestras memorias que las amamos y las liberamos de esa situación. Al decir «te amo», estás permitiendo que el amor transforme esa energía bloqueada, el problema o la situación, en energía que fluye, y te permites regresar al equilibrio. Al amar a una persona te estás amando a ti mismo, como si fuera un espejo estás reflejando ese amor hacia ti mismo.

«Nuestra ilusión de que estamos separados del amor es la causa de todo nuestro sufrimiento».
De-Noyelles

Cuando estás repitiendo esta frase, te ayuda a conectar con ese nivel de consciencia llamado amor y te permite cultivar una mayor autoaceptación, además de conectarte con tu propia divinidad.

Cuando estamos repitiendo «te amo» también estamos dirigiendo ese amor a nosotros mismos y en efecto te estás amando a ti mismo. Cuando dices Te amo, el amor inicia a partir de ti y se extiende hacia todas las personas y esto te ayuda a eliminar esa necesidad de cambiarte a ti mismo, de cambiar a las demás personas y permitir que todo fluya.

En realidad, esta frase la puedes dirigir a cualquier persona, cosa o a ti mismo, pero resulta que es mucho más poderosa si la diriges a la Divinidad, pues esto te permitirá tener una conexión mucho más fuerte

El secreto hacia el amor, la dicha y la abundancia

con tu Verdadero Yo o tu Yo Superior que está conectado directamente con la fuente de la Divinidad y la fuente del amor incondicional.

15

PRACTICANDO HO'OPONOPONO

Ho'oponopono involucra la participación entera de cada uno de los cuatro miembros de la Auto-Identidad: La Inteligencia Divina, el supraconsciente, el consciente y el subconsciente, trabajando juntos como una unidad única. Cada miembro tiene una función única en la resolución de problemas y de memorias repitiéndose constantemente en la mente subconsciente.

La Auto-Identidad opera en base a la inspiración y a la memoria. Pero solo uno a la vez, o la inspiración o la memoria. Es decir, si estás en equilibrio entonces estás en línea directa con la Divinidad; si no lo estás, si no estás presente, entonces estás repitiendo esas memorias guardadas en tu subconsciente.

El proceso de Ho'oponopono está conformado por tres elementos: el arrepentimiento, el perdón y la transmutación. La técnica modernizada del Ho'oponopono consiste en realizar una petición a la energía universal del amor incondicional para cancelar y reemplazar esas energías tóxicas en nosotros. El amor causa que esas energías fluyan hacia la mente espiritual o el supraconsciente y continúe fluyendo a través de la mente consciente, liberándola de la racionalización obsesiva y terminando en la mente emocional o el subconsciente en donde anula todos los pensamientos que tienen emociones tóxicas y los reemplaza con luz y con amor incondicional.

> *«La mente nunca puede encontrar la solución, ni puede permitirse ser encontrada por ti, porque la mente misma es intrínsecamente parte del 'problema'».*
> *Eckhart Tolle*

Tu mente no tiene recursos para solucionar los problemas, solo puede manejarlos y racionalizar. Los problemas vuelven a surgir una y otra vez, porque el manejarlos no los resuelve. A través de Ho'oponopono nos permitimos permanecer en equilibrio porque ninguna parte de tu personalidad domina.

Cuando utilizas la técnica, les estás pidiendo a Dios, al Universo o a la Divinidad que limpie y purifique la fuente de los problemas, que son tus memorias. Esto te permite neutralizar la energía que asocias con determinada persona, lugar o cosa. En este proceso la energía es liberada y convertida en pura luz por la Divinidad y dentro de ti, este espacio vacío se llena con luz divina.

Como te mencioné anteriormente, en Ho'oponopono no hay culpa, no hay necesidad de revivir el sufrimiento, no necesitas saber el por qué sucedió o la causa del problema o quién lo originó, lo que es importante es tener fe. Es confiar en que cuando envíes tu problema y dejes de interferir en la solución, este problema desaparecerá. Todo lo que tienes que hacer es dejar ir.

Morrnah Simeona, comenzaba el proceso de Auto-Identidad al pedir a la Divinidad.

«Divino Creador, padre, madre, hijo todos en uno...Si yo, mi familia, mis parientes y antepasados te ofendieron, a tu familia, parientes y antepasados en pensamientos, palabras hechos y acciones desde el inicio de nuestra creación hasta el presente, nosotros pedimos tu perdón... Deja que esta limpieza limpie, purifique, libere, corte todas las memorias, bloqueos, energías y vibraciones negativas y transmuta estas energías indeseables en pura luz... Y así hecho está».

De acuerdo con Morrnah, en esta oración lo que hacemos es comenzar ese proceso del perdón, de reconocer que hay algo que no está bien en esta situación. Eso que estamos reconociendo se transmuta en «luz pura». En el instante que pronuncias, «y así hecho está», la transmutación se lleva a cabo, y es así como esta memoria que había estado almacenada en tu subconsciente se borra.

Esta limpieza y transmutación se lleva a cabo dentro de ti y tú eres la única persona que puede hacerlo. Tu mente subconsciente te ayuda a hacerlo, la que crea las experiencias y manifestaciones en tu vida y la cual te ayuda a lograr el equilibrio para comunicarte con la Divinidad.

Puedes sustituir la oración pasada por alguna oración más pequeña, algo como: «Divinidad por favor limpia en mí lo que sea que haya creado esta situación en mi vida».

Para utilizar la técnica del Ho'oponopono establece cuál es la situación por trabajar y estudia más sobre ella con ayuda de tu mente subconsciente y supraconsciente con preguntas como las que vimos en el capítulo pasado, que te invitan a tomar responsabilidad y a liberarte de las memorias específicas que crean tu situación actual.

«Divinidad, por favor limpia en mí lo que sea que está contribuyendo a esta situación o problema.
Lo siento, por favor perdóname por lo que sea que en mí haya generado esto»

O simplemente repitiendo las 4 palabras sanadoras: «Gracias, Te amo, Lo siento, Perdóname»

No importa el orden en que las digas, aquí es en donde puedes comenzar a escuchar a tu intuición y dejar que te guíe en lo que necesitas hacer. Aquello que se sienta bien.

Con Ho'oponopono, la única parte del proceso que podemos observar es cuando decidimos limpiar. El resto del proceso sucede a un nivel lejos de nuestra percepción, pero es importante que sepas que el proceso funciona y no es importante saber ni cómo ni por qué.

Cada vez que utilizas Ho'oponopono estás limpiando, estás borrando esa programación negativa., así que todo lo que llega a tu vida, esas memorias y creencias limitantes también las limpias.

Ho'oponopono no solo va a mejorar tu vida, también va a mejorar tus experiencias y tus relaciones personales. Recuerda que todas las personas son solo un reflejo de ti mismo, así que lo que compartes con ellos, las memorias y los recuerdos al borrarlos tú, los borras en tu realidad.

No cambias a las personas, no cambias las cosas, cambias tu realidad.

Cuando repites las 4 palabras de Ho'oponopono, estás amando tus problemas, tus memorias, tu programación negativa, no te resistes, no luchas. Los reconoces para que entonces los puedas limpiar, para que puedas remover todas tus memorias negativas de tu subconsciente.

Lo único necesario para comenzar a limpiar es las ganas de hacerlo y la confianza de que está sucediendo.

«La Fuente es ilimitada. No conoce fronteras, ni límites; es infinitamente expansivo e infinitamente abundante ... El descartar la duda es una decisión para reconectar con tu yo verdadero»
Dr. Wayne Dyer

Practicando Ho'oponopono

Recuerda que es la Divinidad la que borra, tú lo único que tienes que hacer es hacer la petición a través de tu subconsciente, seguir limpiando y confiar en que tu problema está resuelto.

Estas herramientas de limpieza te ayudan a tomar el control de tu vida, y te aseguro que con ellas cambiarás tu mundo. Lo único que necesitas es tomar la decisión de utilizar dichas herramientas para hacerlo. No importa lo que estés haciendo, limpia y repite tu mantra. No importa si estás en medio de una conversación, si estás en medio de un argumento o justo cuando estás pensando algo que te llena de estrés. Date cuenta de ello, mantente presente y continúa limpiando al repetir tu mantra. Evita mantener el sentimiento o la emoción negativa al seguir limpiando consecutivamente. Así sin juzgar, sin detenerte en saber qué pasa, solo deja ir la emoción mientras que repites tu mantra. Si es más fácil en estos momentos puedes repetir la versión corta: «te amo, gracias».

Me encanta esta analogía que escuché con el Dr. Hew Len y Joe Vitale, que el usar este mantra es como utilizar la tecla de borrar en el teclado de tu computadora. No importa lo que hayas escrito, siempre tendrás esta tecla para borrar lo que sea que esté sucediendo en tu vida. Imagina que tu vida a veces en ese monitor de computadora y cuando hay algo que no te gusta siempre tienes esta maravillosa herramienta que te permite borrar ese error de dedo cuando estás escribiendo algo.

Una de las dudas que surge frecuentemente es ¿qué tan frecuente debes utilizar el mantra? La respuesta es siempre. Es un hábito de constantemente estar limpiando, de mantenerte presente e ir eliminando memorias y emociones que te mermen la existencia. Yo personalmente lo uso cuando estoy en una conversación de trabajo, con algún cliente o platicando con mis hijas, trato de escuchar activamente y al mismo tiempo repetir «te amo, gracias». Antes de entrar a una reunión de trabajo o alguna sesión con mis clientes, repito lo mismo. Cuando estoy sembrando plantas o estoy jugando con mis hijas, estoy constantemente repitiendo este mantra mentalmente.

Solo prueba hacerlo mientras escuchas a tu pareja, repite constantemente «Te amo, gracias», esto te ayudará a escuchar activamente, es decir no estás pensando en qué contestar, sino que realmente estás abierto a escuchar. Y ve como la actitud de tu pareja, o cualquier otra persona cambia.

No importa que la relación con tu pareja (o cualquier otra persona) sea buena, al limpiar con tu mantra lo único que estás haciendo es fortaleciendo esa relación.

Cuando recibas la llamada de tu jefe o cuando sabes que vas a asistir a una conferencia, limpia, mantente limpiando y date cuenta como todo comienza a ir mejor, como las personas comienzan a responder de mejor forma.

La integración de las tres partes

Como lo hemos visto anteriormente, tu identidad se compone de tres partes: la supraconsciencia, el consciente y tu subconsciente.

Para alcanzar el estado de vacío o cero es necesario que estas tres partes estén alineadas y trabajando en conjunto. Cuando estamos aplicando nuestro Ho'oponopono estamos permitiendo que la inspiración fluya y solo así somos libres de memorias.

La Inteligencia Divina o la Fuente es de dónde toda la inspiración viene, y está en ti, tú eres parte de ella. No está en un lado fuera de ti, no tienes que ir a ningún lado para obtenerla, no tienes que buscarla en el exterior. Está ya dentro de ti.

Cuando estás alineado con la Divinidad, la inspiración puede fluir a través de ti, todas las partes están conectadas y alineadas. En cambio, cuando no estamos en ese equilibrio lo único que vemos en nuestra realidad son las memorias repetidas una y otra vez pues estamos desconectados de la fuente de inspiración.

En palabras del Dr. Hew Len, cuando estás alineado con la Inteligencia Divina, estás en cero. ¿Para qué quisieras estar en cero?

"Cuando estás en cero, todo está disponible. ¡Todo! Esto significa que has sido creado en imagen y semejanza de lo Divino... Tan pronto tú estés dispuesto a dejar ir toda la basura y estés en cero, estés en el vacío, entonces lo que pasa inmediatamente es que la inspiración llena tu ser y ahora estás en casa libre."

Cuando surge un problema e inmediatamente comienzas a limpiar con Ho'oponopono, la mente consciente inicia la limpieza al conectar con el subconsciente. Posteriormente, el subconsciente se conecta con la supraconsciencia que siempre está conectada con la Divinidad. La Divinidad responde a esta petición y entonces ocurre la transmutación en donde la memoria es liberada y el individuo regresa el estado de vacío.

Tú tienes el poder de cambiar tu realidad

En base a la filosofía de Ho'oponopono (y muchas otras) no hay nada afuera de ti mismo, eso que experimentas día a día no es más que el resultado de tus propios pensamientos o programas almacenados en tu subconsciente.

Hay dos formas de vivir la vida: seguir, así como estás, reviviendo todo aquello que llevas guardado en tu subconsciente, tus memorias, viviendo en automático y siendo víctima de tu propio sistema de creencias. O puedes limpiar todas esas memorias y creencias negativas acerca de ti mismo para sintonizarte con tu inspiración.

Este es el momento en el que decides, si quieres ser controlado por tus problemas o si quieres ser guiado por la inspiración.

Cuando estás pensando en tus problemas, no estás viviendo en el momento presente. Cuando estás reviviendo memorias o preocupado por el futuro no estás viviendo en el presente. Aquí y ahora es el único momento donde puedes realmente vivir.

El pasado y el futuro no es un lugar en donde puedes actuar y cambiar tu vida. Únicamente cuando estás totalmente presente, viviendo en el ahora puedes cambiar tu mundo. Nuevas ideas y soluciones surgen en el momento presente a través de la inspiración y la creatividad.

Cuando estás alineado con la inspiración, permites que las ideas fluyan. Cuando estás pensando, analizando, tratando de forzar una solución, solo estás dándole vueltas al mismo problema sin solucionarlo, y más importante, sin permitir que llegué a ti la inspiración para solucionarlo.

Tu trabajo es limpiar tus memorias y confiar. Cuando te cuestionas si estás haciendo lo correcto, únicamente estás repitiendo parte de tu programación. Cuando dejas que todo fluya y te liberas de tus dudas, entonces estás alineado con la inspiración.

Cuando eres totalmente responsable por lo que experimentas y lo que crees está afuera de ti, entonces te encuentras en paz, y es así como todos y todo cambia. Todo y todos son memorias.

Ho'oponopono es una maravillosa herramienta para borrar esos problemas de tu realidad. Tú estás en control total de todo tu proceso de creación.

Viviendo en el presente

Una de las cosas que Ho'oponopono tiene similitud con las enseñanzas budistas es precisamente el que buscamos vivir en el presente y mediante nuestra repetición del mantra en cualquier momento determinado regresamos a ese instante en donde somos realmente conscientes de lo que sucede dentro de nosotros y nos conectamos con la Divinidad para limpiar esas memorias.

Cuando decidimos limpiar en el momento en que alguien nos contesta de mala forma estamos decidiendo regresar al presente. Cuando nos sucede algo inesperado o un accidente y limpiamos, optamos por vivir en el presente y dejar ir la emoción.

El mantenernos en constante limpieza nos permitirá mantenernos en contacto con la realidad y lejos de los pensamientos negativos y memorias recurrentes. La realidad es simplemente sintonizar con el aquí y el ahora, y cada vez que detienes la preocupación por lo que pueda ser o detienes esos recuerdos de los sucesos que no te hicieron sentir bien, limpias esas memorias para regresar a un estado de vacío que te permita observar todo desde otra perspectiva y puedas ver la solución desde la inspiración.

> «El pasado no es tu vida; Es una piedra entre otras que te ayudó a avanzar. El futuro está ante todo en tu imaginación antes de tomar forma».
> Luc Bodin, M.D.

Tomarás conciencia que el mantenerse presente no significa que no estés pensando, sino más bien que no estás viviendo en automático dejando que tu mente divague con tantas ideas y pensamientos inconscientemente. Esto te ayudará a restarles la importancia que antes les dabas, a dejarte de identificar con esas ideas o creencias limitantes y te permitirá estar en constante conexión contigo mismo.

Al vivir en el presente, eliminamos este continuo deseo de llegar a un lugar en donde finalmente seamos felices y nos sintamos bien, es decir, el lugar para ser feliz y sentirse bien es ahora, no un lugar y no un futuro lejano. Poco a poco eliminarás el tener estas ideas de que «cuando logre esto, voy a ser feliz». Como una persona que se ha puesto muchos objetivos en su vida te puedo decir que esto nunca es verdad. En el momento en el que logras ese objetivo, ni siquiera te das tiempo de disfrutarlo o de vivirlo, pasamos la vida yendo meta tras meta, objetivo tras objetivo sin ni siquiera disfrutar el proceso. Detente, presta más atención a tu alrededor, da las gracias por lo que tienes ahora. Maravíllate por lo que has logrado hasta ahora y comienza a disfrutar cada instante de tu vida.

Viviendo en el presente con Ho'oponopono te abrirás a tener la experiencia total de vivir tu vida de forma consciente, en donde puedas disfrutarla profundamente. Además, te abrirás a las oportunidades y a las puertas que el tomar la responsabilidad de tu vida te abre.

Tú práctica diaria

En esencia la práctica de Ho'oponopono es bastante sencilla, basta con repetir continuamente el mantra con las cuatro frases. Pero lo cierto es que entre más lo practicas, más te das cuenta su poder y lo profundo que puede llegar. De hecho, el propósito de esta práctica es que descubras realmente quién eres tú, que lo sepas, que tengas una conexión constante con tu Yo Superior, con el Verdadero Tú.

Para practicar la repetición de tu mantra no hay reglas, ni lineamientos, de hecho, yo creo que es de las prácticas más flexibles que existen. Tú puedes elegir el orden en el que repites las frases, puedes elegir solo repetir "Te amo, Gracias", o puedes ir adecuando tu mantra hacia determinada situación. Lo único que es indispensable, en mi opinión, es que tú tomes responsabilidad total de lo que sucede en tu vida. Y que cada que te encuentres con una situación o algo que no te gusta lo tomes como una oportunidad para liberarte, limpiar, purificar y transformar esas memorias, una oportunidad para conectarte con tu Yo Verdadero.

Una de las cosas que yo encuentro sumamente beneficiosas de esta práctica es que no requiere que hagas nada, más que repetir el mantra, y esto inmediatamente te traerá al momento presente. De todas las herramientas y técnicas que yo he probado y que, he adoptado en mi vida, creo realmente que esta es una de las más sencillas.

Muchos de mis clientes no tienen tiempo de meditar, o a veces se acuerdan y a veces no, yo misma muchas veces termino tan cansada que me duermo a la mitad de mi práctica de meditación; en cambio, el repetir este mantra de manera constante te da los beneficios de la meditación y de la atención plena en cualquier momento, en cualquier situación y en menor tiempo.

Particularmente, yo repito este mantra una y otra vez en mi mente para permanecer en el momento presente y evitar pensamientos y memorias recurrentes.

Entre más repitas tu mantra, más se volverá el centro de tu consciencia. En lugar de repetir tus memorias y la programación de creencias limitantes, desarrollarás tu espiritualidad y tu consciencia. ¿Te imaginas qué es lo que puedes lograr aprovechando el enorme poder de tu mente enfocándolo en la alineación con la Divinidad? Imagina que puedes utilizar tu mente constantemente, veinticuatro horas al día para repetir tu mantra y palabras de poder: cada pensamiento, cada palabra y cada acto será de origen Divino.

Una vez que has repetido el mantra, lo que pase después es simplemente lo que fluye, el equilibrio y la inspiración. Si te encuentras dudando en si el problema va a desaparecer o no, yo te aconsejo continúa limpiando esa duda y cuando hayas limpiado completamente, entonces tendrás respuesta o sentirás paz.

Recuerda que cuando tú mejoras, tu mundo mejora.

> «Cuando haces Ho'oponopono, la Divinidad toma esos pensamientos dolorosos y los neutraliza y purifica. No neutraliza o purifica a la persona, lugar o cosa. Lo que es neutralizado es la energía que está asociada con esa persona, lugar o cosa. Por lo tanto, el primer paso de Ho'oponopono es la purificación de la energía. Después, y aquí es en donde algo mágico sucede, la energía no solo se neutraliza, sino que también se libera y todo lo queda limpio. Los budistas llaman esto el Vacío. El último paso es permitir a que la Divinidad entre y llene el espacio de luz.»
> Dr. Hew Len.

Una de las dudas más comunes que existe en los nuevos practicantes de Ho'oponopono es si tienes que pensar en lo que estás limpiando, y la respuesta es no. La parte divina sabe muy bien qué es lo que se tiene que limpiar. Aunque al realizar las preguntas sugeridas anteriormente, «¿qué parte de mí hace que esté viviendo está situación?», estás abriendo la inspiración para limpiar esas memorias relacionadas con la situación específica.

Adicionalmente, yo recomiendo adoptar una práctica de una rutina matutina y vespertina, pues a mí en particular me da una forma de concentrar mis esfuerzos a algo en específico, por lo que el desarrollo de una práctica que te permita construir un hábito es de las cosas que yo más recomiendo.

En lugar de levantarte e inmediatamente tomar tu celular para revisar Facebook o tu correo o peor aún las noticias del día, mejor invierte un poco de tiempo en ti mismo y en inspirarte e iniciar tu día con una actitud de que tu creas tu vida. Con tan solo repetir tu mantra un par de veces y usar la respiración HA te sentirás mucho mejor que si pierdes toda esa energía en hacer cosas que te distraen de tu vida y de lo que tú puedes cambiar en ella.

Cuando no estés repitiendo tu mantra de Ho'oponopono o algún otro que prefieras a lo largo del día, entonces enfócate en mantenerte presente, en escuchar activamente cuando estés interactuando con otra persona y desarrolla un hábito de realizar otras disciplinas espirituales que te ayuden a desarrollar más tu consciencia, cosas como la meditación, leer libros espirituales o de desarrollo de consciencia, afirmaciones positivas, escribir en un diario personal o ejercitar tu cuerpo para conectarte con él. Ho'oponopono te ayudará a conectar cada una de estas prácticas en tu vida para crear un efecto sumamente poderoso.

No puedo dejar de hacer énfasis en que, a lo que tú prestes atención durante el día, la mayor parte del tiempo es lo que literalmente vives en cada momento. Al repetir tu mantra de Ho'oponopono mantienes tu atención en donde se necesita. Esto ciertamente, atraerá abundancia espiritual y material a tu vida.

Para ayudarte un poco más, he compartido contigo mi práctica diaria tanto matutina como vespertina, que te puede ayudar a desarrollar un hábito con varias prácticas espirituales. Puedes descargar la guía de la rutina en la liga que se encuentra en el capítulo de recursos adicionales al final de este libro. Esta guía te permite crear una rutina espiritual en 10 minutos, la cual detalla paso a paso las actividades y la forma de utilizar Ho'oponopono para liberar, sanar y transformar tu vida.

16

TU NIÑO INTERIOR Y TU AUTOESTIMA

A veces se piensa que el niño interior es un término esotérico o inventado que no sirve para nada. Pero la realidad es que el niño interior es una parte muy importante de ti mismo, y es un término utilizado por psicoterapeutas, psicólogos y coaches que buscan ayudar a las personas a hacer un cambio profundo en su comportamiento y de forma relativamente rápida.

El niño interior es real, no física o literalmente, pero metafóricamente. Es una parte de tu psique y es extremadamente poderosa. Así como Freud lo explicó en muchas de sus teorías, nuestros comportamientos negativos, tendencias y desordenes provienen de ideas y situaciones guardadas en nuestro subconsciente.

«El trabajo con tu niño es esencial. Es la esencia del crecimiento como una persona completa»

Carl Jung, fundador de la psicología analítica, es usualmente al que se referencia como el que originó el concepto del arquetipo del niño divino, al que hoy se le conoce como niño interior.

El niño interior contiene todas esas experiencias que viviste desde que eras bebé hasta la adolescencia. Tu niño interior es esa parte de ti que es espontánea, creativa, amorosa, confiada y espiritual, así como un niño lo es por naturaleza. Pero que, con el tiempo y con las distintas experiencias se va volviendo más retraído, menos confiado, con miedo o con ese instinto de explorar más apagado. Estas experiencias pueden haber sido abusos, malentendidos, malos tratos o desajustes. Tu niño interior contiene todos esos sentimientos, necesidades y memorias de cuando crecías.

Tu comportamiento actual, cómo piensas, tus fortalezas, tus problemas, tu nivel de autoestima, los hábitos (buenos o malos), comportamientos negativos, se deben en gran parte a tu desarrollo en las distintas etapas de tu vida.

Según los psicólogos y psicoterapeutas, gran parte de los comportamientos destructivos que un adulto puede presentar, como la impulsividad, el narcisismo, la codependencia, la necesidad de que alguien te atienda y te preste atención, y el miedo al ser abandonado proviene de ese niño interior que ha sido maltratado, desatendido y que no ha sido comprendido adecuadamente.

Es por esta razón que en Ho'oponopono al subconsciente le llamamos el niño interior pues como lo puedes ver son todas esas memorias que se encuentran almacenadas y se siguen repitiendo hoy en tu vida adulta.

La relación más importante

El cuánto aceptes y ames a tu niño interior está directamente relacionado con cuánto te aceptes y te ames hoy en día, y por lo mismo, conforme desarrolles este amor por tu niño y por ti mismo, tus comportamientos, ideas y sentimientos irán cambiando. Al sanar y cuidar a tu niño interior te permitirá sacar todas esas cualidades que un niño puede tener naturalmente. Cualidades como la creatividad, espontaneidad, amor, confianza, flexibilidad, resistencia y la capacidad de maravillarte de la vida y las cosas que pasan en ella.

El Dr. Hew Len hace énfasis en que el trabajar esa conexión con tu niño interior es de las relaciones más importantes que hay en tu vida. Lo más importantes es cuidar a tu Unihipili, amarlo y liberarlo de la historia que está almacenada como memorias que se repiten continuamente.

Tu niño interior requiere que le des mucho amor, lo hagas sentir seguro y que lo cuides. Es importante decir que, esta no es una relación que puedas sanar de un día para otro, el mismo Dr. Hew Len dice que es algo que hay que ir desarrollando día a día, continuamente. En el proceso de auto-identidad hay un proceso que te permite hablar con él y permitir que el te cuente qué es lo que necesita, cómo lo puedes proteger y cómo se siente.

En mi sitio de Hábitos Exitosos he compartido algunas meditaciones y otros métodos que te pueden ayudar a comenzar a entablar la relación con tu niño interior e ir acercándote cada vez más a él. En psicología este método se le llama la reparentización del niño interior. Es decir, actúas como un padre para tu niño otorgándole todo aquello que le faltó cuando crecía, como amor, respeto, el sentirse seguro, el sentirse confiado, etcétera.

Tu niño interior te puede ayudar enormemente al ir soltando y liberando esas emociones y memorias pasadas, pero antes que lo pueda hacer es necesario hacerlo sentir seguro y amado, como a cualquier niño le gustaría. Por esta razón, el Dr. Hew Len recomienda que tu primer paso para hacer una limpieza automática es la de alimentar esta relación entre la Madre y el Hijo (la mente consciente y el subconsciente).

A continuación, te comparto una oración que alguien compartió en las redes sociales y que me parece muy apropiada para hacer este trabajo con tu niño interior y mejorar la relación que tienes con él o ella.

Mi querido y dulce Unihipili
Te amo y gracias
Una vez más estamos unidos como familia
Siempre estoy contigo en cualquier parte de nuestro viaje,
estás a salvo y eres amado
Permite que todos nuestros recuerdos y memorias se dirijan hacia la Divinidad para que sean transmutadas y se purifiquen.
Te amo gracias
La Paz del Yo.

Ámandote a ti mismo

A todos nos ha pasado que nos denigramos, nos hablamos feo y pensamos muchas veces que no podemos hacer determinadas cosas. De una u otra forma actuamos con falta de amor hacia nosotros mismos. Pero cuando constantemente nos estamos criticando y siendo duros con nosotros bajamos nuestra vibración, nos desconectamos totalmente de esta energía universal de amor.

Si no te hablas con amor y compasivamente a ti mismo, entonces ¿cómo vas a ser amoroso y compasivo con los demás? Lo cierto es que no podemos ver a los demás con ojos de amor si no nos vemos a nosotros mismos de la misma forma amorosa, no podemos dar algo que no tenemos. Esta falta de amor lo único que nos puede generar son relaciones y experiencias dolorosas.

Ten cuidado con la forma en la que te hablas, presta atención a las palabras que usas para describirte, presta atención a las cosas que te dices cuando cometes un error. Comienza a cambiar esas palabras, comienza a tratarte como si fueras la persona más importante de tu vida, porque lo eres. Cuida lo que dices después de «Yo soy» porque esa palabra con la que te describes es lo que haces realidad en tu vida.

Comienza a describirte y visualizarte como una persona amorosa, amable, confiada de si mismo, feliz, abundante. Comienza a cambiar tu propia imagen.

El desarrollar esta relación con tu niño interior y el uso de Ho'oponopono para contigo mismo puede ayudarte a eliminar esas creencias de ti mismo y desarrollar una mejor imagen personal. Asimismo, serás capaz de eliminar todos esos juicios y críticas que constantemente te haces sin darte cuenta.

> *«Considera los accidentes menores en tu vida como un mensaje personal que te recuerda que no estás presentándote la debida atención».*
> *Luc Bodin*

Cada que te pase algo que nos esperabas, cuando te caigas o se te caiga una taza de café, en lugar de decir «¡Ay, que tonto soy!» puedas enviarte un poco de amor al decir «Perdóname, gracias, te amo». Es así como prácticamente, desarrollas el amor propio, te mantienes presente y cambias esa plática interior negativa de manera más sencilla y relativamente rápida.

Muchos pensamos que nos amamos solo por el hecho de que cuidamos de nuestra apariencia o porque cuidamos nuestra salud, pero en realidad el amor propio va mucho más allá que esto. Entre más profundo vas hacia tu interior, más vas llenando esos espacios que estaban llenos de piedras con luz y amor. Entre más te abres a este trabajo interno, más eres capaz de abrirte a emociones que sin querer te habías negado. Esos resentimientos, enojos, heridas emocionales que fueron llenando tu tazón de luz y fueron impidiendo que la luz permeará todo tu ser.

El amor propio es el combustible que impulsa tu desarrollo, que te impulsa a buscar algo mejor para ti y es lo que te hará volverte una persona mucho más amorosa y compasiva hacia otras personas. Muchas personas piensan que el que trabajes en desarrollar el amor propio puede resultar egoísta, pero no hay nada más alejado de la realidad. Como lo dije anteriormente, entre más desarrollas ese amor por ti mismo, más amoroso eres con las personas que te rodean.

El respeto y los límites

Como un derecho humano básico, todos merecen respeto. Al ser igual a los demás, mereces el respeto de los demás y de ti mismo también.

Si bien respetar a los demás es honorable, priorizar continuamente el respeto de los demás sobre tus propias necesidades no es un acto de amor propio y puede hacerte sentir mal mentalmente. El respeto que mereces no es más ni menos que el de cualquier otra persona, pero es esencial de todos modos.

El respeto a uno mismo es una virtud importante, ya que incluye el que seas consciente de tu propia valía, tu capacidad para honrarte a ti mismo y tus esfuerzos para mantener tu dignidad.

El respeto propio se relaciona con otros aspectos importantes esenciales del amor propio, como la autoestima y la autoaceptación. Es importante tener en cuenta que la autoestima no debe confundirse con la agresividad o el derecho.

Un fuerte sentido de autoestima te ayuda a respetar mejor a los demás y a ser mejor respetado por los demás. Tener dignidad en tu identidad te permite dar un ejemplo, particularmente en términos de cómo deseas ser tratado. También te permite protegerte con puertas que pueden abrirse para permitirte conectar con otras personas y cerrarse cuando sea necesario.

Con autoestima, reconoces que no tienes precio y que no puede ser objetivado. Tienes una gran conciencia de tus valores personales, que sirven como una brújula interna que te dirige en el camino que deseas recorrer en tu viaje de vida.

Una conexión con quién eres proporciona la estructura para que construyas tu identidad. Sin embargo, mejorar tu autoestima es una experiencia subjetiva que lleva tiempo comprender e implementar.

Asegúrate de reflexionar acerca de tu verdadera identidad, tus valores y el practicar esta actitud de paciencia y compasión hacia ti mismo.

El respeto a ti mismo comienza con el reconocimiento de tu valía y lo aplicas al honrar esa valía. No es el sentirte con derecho sobre los demás o ser agresivo, sino darte cuenta de que tú eres tan merecedor de dignidad como cualquier otra persona.

Para vivir una vida llena de integridad, debes crear límites que te permitan mantener una conexión con tu código ético. A través de los muchos roles que cumples, tu respeto puede brillar a través de tu capacidad para conectarte con quien eres, además de actos humildes como sintonizarte con su consciencia, fomentar el perdón y mantener el equilibrio.

El establecer límites es una parte esencial del cuidado propio. Aunque lo cierto es que no todas las partes del cuidado personal son agradables o nos pueden costar un poco de trabajo implementarlas, pero al final del día, todas son positivas.

Un componente crítico en el cuidado personal es el desarrollo de consciencia para reconocer que puedes tener algunas áreas que no les prestas atención y que afectan tu bienestar.

Además, el autocuidado requiere el coraje de la autoexploración para mejorar tu autoconocimiento. Por lo tanto, el cuidado personal puede incluir algunas tareas que resultan desafiantes pero que ayudan a mejorarte en general.

Algunos ejemplos de este tipo de cuidado propios son:
- El establecimiento de límites con los demás
- Crear límites para ti mismo
- Enfrentar personas que constantemente te lastiman.

La mera decisión de construir límites es un acto de amor propio, ya que elegir hacerlo honra tu valor y dignidad. Si bien esta es una tarea que vale la pena para las personas en general, los parámetros alrededor de estos límites y de tu protección tienden a variar de persona a persona.

A medida que reflexionas sobre tus límites, es importante diseñar estrategias adecuadas para atender tus necesidades.

El afirmar que tus límites son correctos, particularmente cuando los has puesto a prueba, valida tu sentido de autoestima. En este proceso de establecimiento de límites, ayudas a otros a reconocerte y respetarte también.

Este proceso nunca concluye, es algo que tenemos que hacer día con día, durante toda nuestra vida.

La gestión de límites es un proceso continuo en el que constantemente reevalúas tus parámetros y los ajustas según sea necesario.

Puede ser difícil equilibrar la necesidad de poner tus límites y cuidarte a ti mismo con la tentación de sacrificarse por el bien de los demás. Desde el inicio donde comienzas a considerar la necesidad de establecer límites, hasta el momento en donde notarás que alguien o algo ha sobrepasado tus límites, la construcción de ellos puede parecer algo desconcertante, pero sumamente útil.

A menudo se supone que los límites son reglas establecidas para situaciones sociales; sin embargo, la autoestima comienza con la forma en la que te tratas a ti mismo. Por lo tanto, al ser responsable de tus propios comportamientos, es esencial formular límites intrapersonales además de los límites interpersonales.

Tus límites intrapersonales te ayudan a regular tus reacciones. La capacidad de ser responsable de ti mismo mediante la creación de límites propios ayuda a fomentar varios dominios de amor propio, como la autoconciencia, la autoaceptación, el autocuidado y el crecimiento personal.

La práctica de Ho'oponopono es sumamente poderosa, y así como te ayuda a conectar con la Divinidad, también te ayuda a desarrollar el amor propio.

No hay frase más poderosa que el «gracias, te amo». Ahora imagina que esta frase te la diriges a ti mismo, mirándote a los ojos en el espejo.

El secreto hacia el amor, la dicha y la abundancia

No encontrarás ejercicio más poderoso para comenzar a desarrollar una relación más profunda contigo mismo y amarte honesta y profundamente.

Cuida de ti mismo, haz algo cada día que te haga cuidar de ti mismo en mente, cuerpo y alma. Esto es parte esencial del amor y del respeto a ti mismo.

17

LAS RELACIONES DE PAREJA

Es en nuestras relaciones de pareja en donde realmente podemos ver nuestras limitaciones y nuestras creencias. ¿Cuántas veces te ha pasado que cuando estás en una relación amorosa tu pareja no actúa como tú quieres? Frecuentemente, nos quejamos, nos peleamos y demandamos que la otra persona nos dé lo que deseamos. A nivel subconsciente, en realidad, estamos buscando que alguien más nos de aquello que «necesitamos», alguien que «nos complemente», pero que pasaría si te dijera que esto no solo no es posible, si no que además es esta creencia es la que te lleva a la infelicidad, a la decepción y a repetir patrones con parejas que actúan y te tratan de la misma forma.

Te explicaba en los primeros capítulos el cómo se desarrolla nuestro sistema de creencias y nuestra autoestima, y de la misma forma cuando vamos creciendo y aquellas necesidades emocionales que no fueron satisfechas dejan una huella en nosotros mismos. Muchos crecemos creyendo que alguien más nos podrá dar esa aceptación, ese amor, ese respeto o ese reconocimiento que tanto deseábamos siendo niños. Pero nuestra vida es un viaje hacia nuestro interior, hacia nuestro propio descubrimiento, por lo que todas esas cosas no las vas a encontrar afuera de ti mismo, sino adentro, en lo profundo de tu ser.

Estas creencias y falta de amor propio se reflejan claramente en nuestras relaciones amorosas. El problema más común y grande en una relación amorosa recae en el hecho de que pienses que eres digno de ser amado, si no lo crees lo más probable es actúes de forma en que seas lastimado y en donde tus experiencias no sean muy buenas. Por ejemplo, tiendes a buscar la aprobación de la otra persona, y probablemente no los aprecies o los ames por lo que ellos son, sino más bien por lo que pueden hacer por ti. Digamos que no buscas a alguien con quien compartir tu vida y con alguien con quien puedas compartir las aventuras de vivirla, más bien estas buscando alguien que te quiera, que te acepte.

Lo que buscas es cubrir esa necesidad de sentirte querido y aceptado, pero lo estás buscando en tu exterior es por eso por lo que este tipo de relaciones tienden a fracasar y no porque falte amor, más bien porque el amor propio que es necesario para vivir el amor en pareja no existe.

Si no te amas, es posible que no puedas amar verdaderamente, es decir no es que no seas capaz, sino que más bien, como lo acabo de mencionar, es posible que te sientas atraído por la persona que de forma inconsciente te ofrece la posibilidad de cubrir tus necesidades y de alcanzar un equilibrio, por ejemplo, en tus características femeninas y masculinas. Es decir, cuando somos demasiado racionales nos sentimos atraídos por personas que están más en contacto con sus emociones. De forma contraria, inconscientemente se busca alguien que pueda dirigir las emociones en una persona con sus características femeninas en desequilibrio. Pero también es importante que notes que, si no te amas, no te puedes sentir capaz de ser amado, y piensas que nadie te va a amar realmente. Es así como muchas personas desarrollan comportamientos de celos, de inseguridad y de aferramiento. Si no te aceptas a ti mismo, ¿Cómo puedes aceptar que alguien más te ame?, en realidad, en tu interior sientes que no mereces ser amado, y si esto es lo que mantienes en tu mente, entonces pensarás que la forma de sentir de amor de tu pareja no es real, o solo temporal y no puedas confiar en ella.

Date cuenta de que todo esto pasa muchas veces sin que te des cuenta, eso es algo que sientes profundamente en tu interior, no algo que te digas o que pienses en determinado momento. Es tu sistema de creencias el que te dice que estás destinado a sentir dolor o a no ser amado o a ser abandonado o rechazado.

Aquí es donde muchas personas se preguntan, ¿por qué siempre me enamoro del mismo tipo de persona que me hace daño o que me engaña o que me abandona? Y no queda más que hacer un trabajo interno para sanar las viejas heridas, eliminar esas creencias e ideas erróneas acerca de ti mismo y tus relaciones personales para eliminar esos patrones.

Hay algunos clientes que me han preguntado si doy sesiones de pareja, e invariablemente cuando les pregunto ¿qué es lo quisieran tratar en pareja en una sesión conmigo?, todo se resume a las expectativas que tiene esa persona hacia su pareja. En esencia pueden ser cosas que se han dicho, la forma en la que se han tratado, pero muy simplemente se refiere a lo que la otra persona no les puede otorgar en base a sus necesidades.

¿Te fijas que profundamente lo que se busca es cubrir esa necesidad de aceptación, amor o reconocimiento? Si tu estás en este caso, lo que yo te puedo recomendar es iniciar contigo mismo, no hay otro lugar a buscar. No necesitas tener una solución externa, no puedes y no vas a cambiar a la otra persona, mucho menos le podrás hacer que actúe en base a lo que tú deseas.

Conforme a Ho'oponopono y algunas otras corrientes espirituales, no existe nadie allá afuera más que tú mismo. Es decir, todas las personas que vemos, todas nuestras relaciones son solo un espejo de nosotros mismos. En este sentido, si todos partimos de la misma Divinidad y somos parte de ella, entonces todos somos uno mismo. Cada acto de bondad que has hecho, te lo has hecho a ti mismo.

Nadie te hace nada; todo te lo haces a ti mismo. La ilusión de creer que los demás te hacen algo, te mantiene cada vez más lejos de tu Verdadero Yo y de tu poder interior. Los otros sólo vienen a mostrarte lo que todavía no has sanado, por lo tanto, los necesitas en tu vida y van a seguir apareciendo en ella y actuando de la misma forma hasta que tú hagas el cambio en tu interior. Nada cambiará hasta que te des lo que necesitas tú mismo.

Sin estas experiencias, sin estas personas, no podrías hacer consciente lo inconsciente; no podrías evolucionar y ver las heridas que aún continúan en tu interior. Cuánto más tiempo te quedes en la posición de víctima, más demorarás tu desarrollo. Responsabilidad total; eso es lo que se necesita en el camino espiritual para madurar y encontrar la paz.

> *«Hasta que el inconsciente no se haga consciente, el subconsciente dirigirá tu vida, y tú le llamarás destino»*
> *Carl Gustav Jung*

Cuando te encuentres en relaciones densas, dolorosas, o que te quitan la paz entonces pregúntate ¿qué es lo que está sucediendo en tu interior que permite que te encuentres en estas circunstancias?, ¿qué te hace permitir que te traten de esa forma?, ¿qué te mantiene en ese ambiente de dolor? Esa persona está ahí para enseñarte algo, te está ayudando a que veas quién eres realmente, a que sanes, te liberes y crezcas.

No te mantengas preso en relaciones poco sanas, no continúes mirando hacía afuera, toma la responsabilidad de tu sufrimiento y cámbialo. Si quieres construir únicamente relaciones maravillosas; llenas de amor, armonía y respeto, ocúpate de ti mismo. Tienes que desarrollar el amor incondicional hacia ti mismo, fortalecer tu autoestima y saberte merecedor de todo lo bueno que existe en este mundo.

Si huyes de la situación, si la niegas, entonces nunca te alejarás de esas personas conflictivas, y una y otra vez repetirás el mismo patrón.

Las relaciones de pareja

Pues como lo hemos visto, eso es lo que inconscientemente estás haciendo realidad, eso es lo que en este momento está ahí para hacerte despertar y reconocer tu poder para cambiar tu vida. Date cuenta que el huir o escapar de las relaciones tóxicas, solo estás huyendo de ti mismo. No significa que te quedes ahí sufriendo físicamente, significa que vas a hacer un trabajo interior de sanar esas creencias, esas emociones y desarrollaras la confianza y el amor propio que impedirán que te vuelvas a encontrar en una situación similar. Estas personas se irán solas y dejarán de aparecer en tu vida cuando hayan cumplido su misión, es decir, cuando finalmente hayas sanado tu corazón herido.

Escucha bien: todo lo que te produce molestia, te está enseñando paciencia. Aquel que te abandona, te está enseñando a ser fuerte por ti mismo. Todo lo que te enoje, te está enseñando a perdonar y a tener compasión. Todo lo que te resta poder te está enseñando a tomarlo de vuelta. Todo lo que odies, te está enseñando amor incondicional. Todo lo que temes, te está enseñando coraje y valentía. Y, lo más importante, todo lo que no puedes controlar, te está enseñando a dejar ir.
Jackson Kiddard

Adicionalmente, cuando estés en conflicto con alguna persona o recibas un trato grosero o violento, reflexiona un poco porque tú no sabes lo que está pensando esa persona o por lo que está atravesando en ese momento, lo único que puedes hacer es dejar de verlo personal y reaccionar de forma amorosa. Usualmente estas reacciones tienen más que ver con la persona misma que contigo. Siempre recuerda que para que, una persona actúe de forma hiriente o enojada es por una razón y la mayoría de las veces es porque se sienten heridas o lastimadas. Entonces, lo que en realidad necesitan de ti es tu amor y tu compasión, no que los condenes o que reacciones como si todo fuera una agresión hacia ti, probablemente no lo sea. Cuando le das amor al mundo, invariablemente recibirás amor.

En la vida diaria, con tu pareja actual aplica el mismo principio. Esas «pequeñas» cosas que te hacen desesperar, que te hacen enojar o que se van a acumulando y te llevan a explotar de vez en cuando, son las cosas que hay que ir limpiando y sanando. Cuando dejamos de culpar a otros y dejamos de ver esas cosas que la otra persona hace o deja de hacer como si fuera un agravio, entonces tu enfoque se dirigirá hacia adentro de ti mismo y comenzarás a trabajar en ti y finalmente podrás liberarte de esas memorias y creencias erróneas que te hacen ver esas actitudes en los demás. No vas a cambiarlos, vas a eliminar en ti lo que hace que veas esos comportamientos. Al eliminar esos bloqueos en ti mismo, estás creando el espacio para que esas personas se conviertan también en la mejor versión de sí mismas.

Todos somos en esencia buenos, todos somos parte de la Divinidad. El cambio radica en que ahora tú los veas como tu espejo, que al igual que tú están viviendo una experiencia física y están tratando de desarrollarse a sí mismos, es así como podrás desarrollar la compasión y el amor incondicional para ti mismo y al mismo tiempo para la otra persona también. En lugar de reaccionar, juzgar o inferir que lo que hacen es para lastimarte, puedes comprenderlos y actuar con compasión entonces ellos no tendrán más que responder de la misma forma.

Al cambiar tu actitud, estás cambiando la forma en la que te relacionas con tu pareja y con los demás. Cuando cambias tu comportamiento, ellos cambian su comportamiento. El antídoto para cualquier situación es el amor, la compasión y la luz. Cuando te encuentres en una situación difícil, recuerda tu mantra y repítelo. Cuando escuches que tu pareja está hablando repite en tu mente: «Gracias, Te amo», esto te ayudará a escuchar abiertamente sin juzgar, sin reaccionar. Y si aun así detectas algún tipo de reacción de tu parte, detente y di «Gracias, Te amo» hasta que sientas que la emoción comienza a cambiar y te es más fácil comunicarte con él o ella.

18

EL ARTE DE DEJAR IR Y CONFIAR

Ho'oponopono es en esencia un proceso de entrega. Se trata de liberarte de los pensamientos e ideas (programas, memorias, creencias, patrones) guardados en el subconsciente y permitir que la Divinidad los purifique y los transforme. Al realizar esto nos permite conectarnos de vuelta con la Fuente, y conectarnos con nuestro Yo Superior o Verdadero Yo. Esto abre las puertas a una fuente de inspiración y creatividad que nos hace despertar de nuestro eterno comportamiento mecánico.

Este punto es importante a discutir durante la práctica de Ho'oponopono, pues es de vital importancia confiar en que tu «problema» está solucionado. Como en algunas otras técnicas, este paso es vital.

Algo que debo decirte, es que cuando estás limpiando y estás pensando en una solución específica vas a sentir que este proceso no funciona, no porque lo que estés haciendo no sea efectivo, sino que el esperar un resultado específico quiere decir que estás razonando, que tu mente consciente está queriendo controlar el resultado. Es como si tú dijeras «mi mente racional o mi personalidad sabe lo que es mejor para mí y conozco la solución», de esa forma cierras las puertas a la inspiración pues estás trabajando únicamente con tu mente consciente. Yo lo veo como si estuvieras forzando las cosas. Es decir, estás pensando con tu ego e interponiéndote entre tu verdadero yo y la solución; es mejor que sueltes el problema y elimines la necesidad de resolver el problema. Tu consciente no es capaz de resolverlo porque es parte del problema, mejor deja que todo fluya y deja que la inspiración manifieste la solución por sí misma.

Para mí, y yo creo que para muchos este es uno de los pasos más difíciles, pues se trata de confiar y dejar de tratar de controlar el resultado. Yo sé que muchos coaches sugieren tener siempre un objetivo bien claro y no soltar hasta obtenerlo, de hecho, antes de abrirme a mi lado más creativo, pensaba que esa era la solución. Trabajar hasta el cansancio, literalmente, para poder lograr un objetivo.

Pero lo que yo he aprendido con Esther Hicks, la más grande proponente en la Ley de la Atracción, es que el secreto para lograr más y sentirte mejor es dejar ir, es confiar y saber que la solución viene a ti en el mejor momento posible. Hay muchas otras técnicas espirituales que hablan de lo mismo y Ho'oponopono no se queda atrás, es más yo diría que este paso es esencial para lograr más y mejores resultados, deja de enfocarte en el resultado y confía que está solucionado.

Cuando nos enfocamos en el resultado, y a mí me sucede muchas veces, es que quiero lograrlo por un medio específico y no me doy cuenta de que lo estoy forzando. En cambio, cuando confías en que todo se solucionará de la mejor forma, comienzas a ver otras oportunidades que tu consciente no tenía contemplado.

El no tener expectativas no significa que no quieras adquirir un resultado, significa que lo dejas fluir. Significa que sabes que lo mejor está sucediendo en tu vida ya mismo.

Cuando aceptamos que nuestra mente consciente no nos va a dar las respuestas de cómo o cuándo, entonces nos liberamos de esa presión de lograrlo a toda costa y nos quita esa sensación de que nos falta algo y es este sentir el que permite que las cosas fluyan más rápido.

Abandonar las expectativas

Para dejar ir y dejar que todo fluya es necesario abandonar toda expectativa, porque si estar en la energía Ho'oponopono significa que en realidad no tienes que saber cómo funciona, también consiste en no esperar un resultado concreto. Estar a la expectativa de un resultado en específico, es volver a permitir que tu mente consciente intervenga como conductor de tu vida.

Parece que este aspecto, es decir, el «abandonar las expectativas», es lo más difícil de conseguir porque muchos pensamos que esto quiere decir que evitemos desear el tener o ser algo. Pero más bien esto significa el tener el deseo de experimentar una emoción o una situación, sin poner reglas, restricciones o tratar de controlar los medios.

Créeme, que este punto ha sido uno de los más difíciles para mí el comprender, pues como una persona orientada a objetivos y a seguir un proceso, parte de mi forma de actuar era la de establecer objetivos claros y tratar de hacerlos realidad lo más rápido posible, sin importar la cantidad de horas de trabajo físico que esto implicará. Pero puedo decir que esta actitud de tratar de lograr un objetivo mediante lo que yo veo adecuado y cómo yo quiero que se haga ha sido de las lecciones que he tenido que aprender, digamos, a mano dura.

Buscando desarrollarme más como coach, decidí dejar mi trabajo como gerente de proyectos y por mucho tiempo traté de hacer funcionar esta decisión forzando la situación y haciéndola más difícil. Cuando finalmente me decidí a dejar ir mis reglas y dejar fluir lo que fuera adecuado para mí, me surgieron oportunidades para regresar a trabajar como gerente de proyectos, lo que me dio la oportunidad de trabajar en otros aspectos de mí y de mi personalidad que me han ayudado a profundizar mi trabajo personal, desarrollando y enfocándome en otras habilidades que de otra forma no hubiera podido superar. Así que, aunque me negaba a toda costa a regresar a mi antiguo trabajo, hoy puedo decir que fue una opción que me ha permitido darme cuenta y entender cosas de manera profunda.

Continuando mi trabajo con Ho'oponopono fue mejorando mi situación financiera, poco a poco. Cuando me encontraba en una situación muy difícil a nivel laboral y personal a causa de estrés, cargas de trabajo y hasta problemas en la ejecución de los proyectos, profundicé mi práctica con Ho'oponopono y como si fuera magia me llegaron no una, sino dos oportunidades para cambiar de trabajo en menos de un mes. Cambiando de una situación estresante a una mucho más flexible, con más oportunidad de continuar mi trabajo como coach, pero sin desatender mi trabajo como individuo y como mamá y esposa.

Cada vez que siento que mi mente quiere nuevamente tomar el control, hago un esfuerzo más intensivo en mantenerme presente y repetir mi mantra. Esta práctica me ayuda a soltar el control y me encuentro con sorpresas agradables que me ayudan a mejorar, aun cuando mi mente consciente ha previsto una solución o un resultado diferente.

Al limpiar no sabemos exactamente cómo lo estamos haciendo, ni tampoco sabemos cuál será el resultado final, pero lo que sí sabemos es que desde luego va a mejorar tu situación actual. A través de Ho'oponopono podrás ir eliminando esas situaciones difíciles y problemáticas poco a poco, e irás descubriendo milagros y sorpresas a lo largo del camino.

Al paso del tiempo, conforme vayas eliminando más y más memorias comenzarás a descubrir a tu verdadero yo, quién eres realmente, eso que deseas en tu interior y qué es eso que como alma deseas experimentar al descubrir cuales son tus aspiraciones más profundas. Poco a poco dejarás de identificarte con tu personalidad y dejarás fluir a tu verdadero ser. Esto por supuesto, te llevará a cambiar tu sistema de creencias, lo que crees de ti mismo, tu filosofía de vida y poco a poco tu mundo se volverá más y más armonioso.

Es así como llegarás a desarrollar tus talentos y permitirte explorar diferentes opciones de elecciones y oportunidades que te llevarán a tu propio desarrollo interior.

La eliminación de los pensamientos erróneos te permitirá descubrir que eres un ser completo, que estás conectado con la Divinidad. Manteniéndote presente, podrás crear tu mundo, no tendrás que sufrir inconscientemente o pensar que no tienes salida. Lograrás la libertad emocional y esa seguridad de vivir con amor, dicha y abundancia.

Aceptar lo que es

En su libro, «El Experimento Rendición», Michael A. Singer nos habla de cómo al evitar que sus deseos y sus miedos dejaran de controlar su vida, comenzó a ver su vida fluir de manera más natural y armoniosa y en sus propias palabras le sucedieron eventos casi milagrosos. Esto no quiere decir que no se le presentaron problemas o situaciones difíciles, sino que a través de confiar y evitar que su mente consciente decidiera basado en miedos o prejuicios, logró tener gran éxito y profundizar en su desarrollo espiritual. Este es uno de los libros que han dejado una gran huella en mi vida, pues nos muestra como el tener éxito está íntimamente conectado con la paz interna y como al callar el ruido de nuestra mente nos puede llevar a conectarnos con esa paz interior.

El aceptar nuestra realidad no es eliminar el desear algo mejor o ser mediocres, significa que no estamos batallando con nuestra vida diaria, no estamos tratando de «solucionar» la situación mediante la mente consciente. La vida no se trata de eliminar el contraste o los malos momentos, se trata de encontrar la armonía con lo que sucede en tu vida, así sea algo que no es placentero o que no se siente bien.

Como puedes ver y algo que me gusta recordarle a la gente que trabaja conmigo es que, al hacer tu práctica con Ho'oponopono no significa que nunca vayan a pasar cosas que nos saquen de nuestra área de confort, de hecho, como lo viste el contraste es esencial para poder comprender qué es lo que verdaderamente deseamos y además te da la oportunidad de profundizar en tu desarrollo espiritual. Es a través de estas situaciones que nos hace preguntarnos, «qué fue lo que paso o de qué forma contribuí a ella», que nos ayuda a lograr descubrir a nuestro verdadero yo y trabajar en aquellas cosas en las que hemos desarrollado un punto ciego. Es decir, ni sabías que estaba ahí, pero cuando lo analizas lo puedes ver más claramente.

Ho'oponopono te va a ayudar a pasar cada instante de tu vida, sea bueno o sea un poco incómodo, te ayudará a entender por qué pasan las cosas y como dice el Dr. Hew Len, tal vez te ayude a disminuir el impacto de lo que iba a pasar. En lugar de un gran accidente, a lo mejor al practicar tu Ho'oponopono, únicamente te caíste. Uno nunca sabe cómo esta grandiosa herramienta te ayuda, pero te puedo asegurar que lo hace.

«Imagina que el propósito de tu vida es únicamente tu felicidad, entonces la vida se convierte en algo cruel y sin sentido. Tienes que abrazar la sabiduría de la humanidad. Tu intelecto y tu corazón te dicen que el significado de la vida es servir a la fuerza que te envió al mundo. Entonces la vida se convierte en una alegría.»
Leo Tolstoy

Aceptando lo que es en este momento presente tal cual, renunciamos a que nuestra mente (el ego) trate de controlar nuestra vida. Conforme tu mente se calma, entonces encontrarás que ya no estás en constante pelea con el mundo, no estás negando tu realidad, culpando a otros por lo que te sucede o juzgando qué tan mal están las cosas o cómo podrían ser diferentes.

El aceptar no significa que condonamos la guerra, el racismo, la destrucción ambiental o todo aquello que no nos gusta que vemos pasar en el mundo. Sin embargo, cuando dejamos de enfocarnos en esa energía de enojo, frustración y desesperación dejamos de sintonizar con esa misma energía que queremos erradicar y dejamos que el amor radie a nuestro alrededor. No podemos cambiar al mundo siendo parte de lo que no nos gusta y reaccionando con esas emociones que nos drenan y nos restringen. No podemos ser parte de la paz y la armonía si continuamos perpetuando el conflicto y el dolor.

Cuando actuamos desde la inspiración comenzamos a crear desde el amor; nuestras acciones ya no están en la misma frecuencia que el enojo, el resentimiento o el juicio. Y es así como mediante Ho'oponopono podemos afectar estas situaciones desde nuestra presencia de tranquilidad y amor.

Un maravilloso consejo que nos da Luc Bodin, M.D. en su libro de Ho'oponopono y que a mí me ha encantado pues te puede ayudar precisamente a dejar ir y confiar en que lo mejor sucederá. Cada vez que repitas tu mantra de Ho'oponopono «Lo siento, Te amo, por favor, perdóname, gracias», añade la palabra «¡sorpresa!».

Esto al inicio cuando comencé a aplicarlo me hacía reír, en realidad me daba una emoción de expectativa, de esperar a ver que era lo que iba a suceder; así que esto te abre las puertas a dejar ir y confiar que todo saldrá lo mejor posible para ti, aún cuando te cueste ver la solución en ese momento.

Asimismo, cuando tu mente consciente escucha «¡sorpresa!» deja de estar buscando soluciones racionales, así que esto te da el tiempo de experimentar el estado de vacío para escuchar tu inspiración y ver cambiar tu realidad casi de forma milagrosa.

No sabemos cómo se va a dar el cambio, no sabemos qué va a cambiar, pero te puedo asegurar qué algo lo hará. Solo es necesario confiar y no permitir que nuestra mente consciente se interponga en el camino.

Confía que el mundo es un lugar que va a permitir crecer, confía en que la Divinidad quiere lo mejor para ti y lo único que quiere es que tú ganes. Deja ir la necesidad de controlar lo que sucede en cada momento, decide en su lugar desarrollar un sentido de curiosidad. Comprenderás que viviendo de esta forma lograrás más satisfacción y placer en tu vida diaria.

Descubre qué te hace feliz

Crecimos pensando que la felicidad es tener dinero o tener la pareja perfecta, muchos de nosotros se nos enseño que hay que estudiar para realizar una profesión que nos dé de comer, aun cuando sea hacer algo por el resto de nuestras vidas que no nos apasiona. Hoy en día como padres debemos de inculcarles a nuestros hijos el que sean productivos, enseñarles más idiomas y guiarlos una de las carreras que están en auge para que un día puedan sobrevivir en el mundo económicamente.

Pasamos treinta y tantos años o más haciendo un trabajo que nos permita sobrevivir, esperando un día poder jubilarnos para hacer lo que realmente deseamos. Yo creo que todos hemos visto el caso en donde una persona adulta cae en depresión una vez que se ha jubilado pues no sabe qué hacer sin el trabajo, toda su vida se ha identificado con su profesión, no sabe estar solo y lo peor de todo es que está totalmente alejado de sus deseos más profundos. Jubilados sueñan con una vida en donde puedan volver a sentirse productivos, pues es así como le dan sentido a su vida y a sí mismos. Aquí vemos claramente, la identificación del ego con una etiqueta, que en este caso es la profesión.

Cuando crecemos siguiendo las instrucciones de los adultos y sobretodo bajo una educación en donde los niños tienen que hacer lo que los adultos quieran, vamos dejando de escuchar a nuestra intuición y nuestros deseos. Desde niños abandonamos nuestros deseos pensando que nunca van a poder cumplirse, pensamos menos de nosotros mismos y de nuestras habilidades. Perdemos el sentido de lo que amamos, perdemos la conexión con nuestras preferencias y lo que hace que nuestros corazones canten. Después de años de búsqueda de la felicidad afuera de nosotros mismos, nos percatamos que nos hemos convertido en adultos que no saben realmente qué es lo que desean profundamente.

Para comenzar a abrirte a una vida más abundante en todos los sentidos es necesario comenzar a reconectar con tus deseos más profundos. Lejos de lo que muchos pensamos, nuestros deseos más profundos no son tener el coche deportivo o la casa súper grande o ser millonarios, lo cual no tiene nada de malo, pero verás que esas cosas materiales no tienen tanto valor ni representan tu felicidad profunda y permanente. Sin embargo, al comenzar a reconectar contigo, con tu niño interior podrás comenzar a dejar fluir todas esas características de un niño y saber qué es lo que te hace sentir dicha y felicidad.

Comienza a hacer cosas que te hagan sentir bien, presta atención a esos momentos donde pudiste disfrutar totalmente el presente y comenzaste a abrir tu corazón. Comienza a hacerte preguntas como ¿Qué hacía de niño que me hacía sentir magnifico? ¿Qué he hecho en el pasado que me ha hecho sentir feliz? ¿Qué me gustaría hacer el resto de mi vida que cuando sea más grande de edad pueda hacerme sentir orgulloso?

Presta atención a tus emociones, sobre todo en aquellos momentos de silencio en donde realmente puedes sentir esa paz y tranquilidad en tu interior. Tú corazón quiere ser libre, comienza a desarrollar esta actitud de exploración por tu vida maravillándote y asombrándote de lo que eres capaz de crear, de lo que el Universo desea para ti. Deshazte de esas ideas preconcebidas de lo que alguien más te ha enseñado que debes lograr, lo que la sociedad dice que es el éxito o lo que tus padres te enseñaron.

Muchos de nosotros hemos pasado por mucho desconectados de esta parte tan profunda, pero te puedo asegurar que una vez que lo logres nada volverá a hacer como antes. Estás efectivamente, conectando con lo más profundo de tu ser y finalmente estás abriendo tu corazón a experimentar lo mejor que esta vida tiene para ofrecerte.

Al dejar el control y ver las cosas que suceden con curiosidad, estás abriéndote a la posibilidad de que el Universo te muestre lo maravilloso de tu vida en este plano físico.

> *«Lo más hermoso que podemos experimentar es lo misterioso. Es la fuente de todo verdadero arte y ciencia. Aquel a quien la emoción le es un extraño, que ya no puede detenerse para maravillarse y permanecer envuelto en el asombro, es como si estuviera muerto: tiene los ojos cerrados»*
> *Albert Einstein*

Deja de luchar, dejar de ir contra corriente. La lucha y el control únicamente te generan estrés y tensión, te generan miedo y te impiden ver que la vida puede ser fácil si navegas con el flujo de la corriente del Universo. Deja de hacer tanto y comienza a ser. A ser más amor, felicidad y abundancia.

Confía en que tú mereces lo mejor en esta vida, confía en que es tu derecho de nacimiento el ser feliz, ve más allá del miedo, abre tu corazón y sigue lo que tus deseos más profundos te indiquen. Solo así verás un mundo de posibilidades abrirse ante ti, verás un nivel increíble de «coincidencias» maravillosas aparecer en tu vida que crearán una nueva realidad. Tus relaciones personales mejorarán, atraerás más gente que comparta tu misma visión de vida, verás aparecer oportunidades grandiosas que te ayuden a vivir tus deseos y tu lograr tu misión de vida.

Fluye con el río de la abundancia y la felicidad, no hay nada que te impida hacerlo. Solo así la vida fluirá a través de ti, llenándote de amor y dicha. Mantente presente en tu propia vida, disfruta el viaje, es ahí donde radica el verdadero cambio de mentalidad que te llevará más lejos que nunca. Saborea los momentos que se te presentan, el camino es mucho mejor que la meta.

La práctica de estar presente es mucho más sencilla de lo que te imaginas, solo deja las cosas fluir, presta atención a las pequeñas cosas

El arte de dejar ir y confiar

de la vida, cuando caminas al trabajo, cuando platicas con un extraño o simplemente disfruta el cielo azul y la naturaleza a tu alrededor. Confía en tu intuición, presta atención a lo que tus emociones te están diciendo en cada momento, te aseguro que no hay mejor brújula que te indique cual es el camino que debes de seguir que esas emociones que se te presentan momento a momento.

No importa lo que suceda en tu vida, confía en que lo que está sucediendo en este momento es lo mejor para ti, es tu oportunidad de desarrollar tu conciencia y encontrar en tu interior a ese ser magnífico que ya eres.

> *«Vive completamente, vive auténticamente, vive felizmente, vive con el corazón abierto. La vida se encargará del resto.»*
> *Robin Sharma*

19

LIBÉRATE DE LAS INFLUENCIAS NEGATIVAS DEL PASADO

El objetivo más alto de cada ser humano es lograr un estado de felicidad y paz interior integral. Los mayores obstáculos en el camino hacia ese objetivo y obtener la felicidad son el resentimiento, los recuerdos negativos y ese sentimiento de que no eres suficiente o no vales o no eres merecedor.

Las encuestas realizadas por la Universidad de Stanford han demostrado que muchas personas piensan que su propia infelicidad se debe a las circunstancias de la vida, por culpa de los políticos, las instituciones, los eventos mundiales u otras personas. En tales casos, han identificado a un culpable al cual pueden responsabilizar por su propia infelicidad. En otras palabras, la mayoría de la gente vive en este nivel de reconocerse como víctimas y otorgan todo su poder para poder cambiar su situación a alguien más.

Libérate de las influencias negativas del pasado

Como lo hemos podido ver a través de este libro y en correspondencia con nuestro nivel de consciencia sabemos que el ser feliz es una actitud ante la vida que está menos determinada por las circunstancias externas y más por la relación interna que tenemos con nosotros mismos y el reconocer el poder que tenemos para cambiar nuestra situación. Una actividad importante durante este proceso de desarrollo espiritual es el de liberarnos de todo aquello que nos limita, que nos mantiene atados al pasado y esas cargas emocionales que continuamos cargando. Solo así podremos vivir una vida llena de fuerza y felicidad en el aquí y ahora.

En nuestras vidas, especialmente en nuestra infancia, a veces pueden suceder cosas que dejan una herida profunda; en efecto, todos de alguna forma tenemos algún residuo de nuestra infancia y nuestra relación con nuestros padres, pero es necesario sanar cada herida y cada memoria que nos limite. Muchas veces porque no sabemos cómo, o porque nos identificamos demasiado con los hechos ocurridos evitamos que esas heridas sanen.

Cuando te cortas el dedo, tu cuerpo activa todos tus poderes de auto-curación para cerrar la herida. Las heridas sanan siempre y cuando no continúes quitándote el curita o rascándote y las abras de nuevo, pero si no dejamos ir esa carga emocional entonces hará que tus recuerdos negativos se froten continuamente con esas heridas impidiendo su curación total. Por eso es mejor transformar estos recuerdos negativos y concentrarse en tu objetivo real de vivir feliz y transformar tu vida.

El no perdonar te está costando demasiado, hay muchos estudios que mencionan el daño físico que te causa. El solo hecho de no perdonar, te genera más estrés, no te deja dormir, hay problemas de digestión, envejeces más rápido, y una serie de problemas cardiacos y del sistema inmune.

El principio de la vida es la sanación, la aceptación, la reconciliación, el amor y el perdón.

La importancia del perdón

Aunque no lo creas, no perdonar es uno de los obstáculos más comunes que te impiden alcanzar tus sueños y desarrollarte completamente en la vida. A veces, aunque nos encontremos trabajando arduamente en tratar de hacer realidad nuestros deseos o lograr nuestros objetivos personales, sucede que no tenemos los resultados que esperamos o el avance puede resultar muy lento. Sin darnos cuenta de que, al mantener viejas heridas y recuerdos estamos viviendo en el pasado, recordando sucesos negativos en nuestra vida o continuamos pensando que lo que nos sucedió cuando éramos niños o adolescentes nos define como personas.

Estos sentimientos negativos te mantienen en un estado mental negativo, aun cuando pienses que como fue una situación del pasado ya no te afecta. En realidad, estos sentimientos se ven reflejados de alguna forma en tu comportamiento, puede ser que no confíes en cierto tipo de persona, o a lo mejor que no confíes en ti mismo, o que tengas otro tipo de ideas de limitación basadas en alguna experiencia del pasado.

Recuerda que tu subconsciente siempre está atento a tus pensamientos y no importa si esos pensamientos de rencor o enojo están dirigidos hacia otras personas. El subconsciente los toma como pensamientos de enojo y rencor, así que nuestra mente siempre estará respondiendo a estos pensamientos con sentimientos de odio o dolor.

Al final, lo único que estás produciendo es generar más y más sentimientos de rencor, odio, dolor, ira, etcétera, lo que también llevará una repercusión en tu salud, pues todas esas emociones guardadas se reflejan en la forma en la que cuidas de ti mismo, o el exceso de estrés o estar en constante enojo que produce ciertas enfermedades físicas y mentales.

Cuando alguien te lastima o hay una situación negativa tú guardas esa emoción y se crea una carga emocional; el perdonar es liberarte de esa emoción.

Libérate de las influencias negativas del pasado

Perdonar no significa aceptar tácitamente todo, ya que ocasionalmente tenemos que poner límites adecuados. Perdonar no significa aceptar que estuvo bien o que amas a esa persona o que tienes que continuar en contacto con ellos. El único objetivo del perdón es liberarnos de los lazos energéticos que nos unen al autor y al hecho.

El perdón no tiene nada que ver con la otra persona, tiene que ver contigo como individuo y aunque a veces te parece justificable sentir rencor hacia la persona que te hizo daño, te lastimó o te hizo sentir mal, no lo es. Al final de cuentas te éstas haciendo daño a ti mismo. Cada vez que recuerdas lo que te hicieron o lo que te dijeron, estás reviviendo el momento y sin darte cuenta estás atrayendo más de lo mismo, pues te sigues sintiendo víctima y aunque no seas consciente de ello te comportas como tal. Además, tu mente no sabe si está sucediendo realmente o no, así que al pensarlo lo estás reviviendo y causando el mismo estrés, dolor o tristeza nuevamente en tu cuerpo.

El perdón es un regalo incomparable que te das a ti mismo. El perdón te permite dejar atrás el pasado y comenzar de nuevo. Esto es como formatear el disco duro de una computadora o instalar un nuevo sistema operativo. Si has cargado un programa o software incorrecto o el disco duro está demasiado lleno, debes reiniciar tu computadora y eliminar los datos antiguos. Esto es lo mismo que haremos en este momento. El perdón te permite dejar el pasado en el pasado y comenzar renovado

Cuando alguien te lastima, o existe una situación negativa, comienzas a guardar esa emoción negativa. Cualquiera que sea, como enojo, tristeza, miedo. El perdón es la liberación de estas emociones.

No estoy afirmando que las cosas que hacen las personas sean correctas o incorrectas, bonitas o feas, buenas o malas. Lo que quiero que comprendas es que aun cuando hayas pasado por cosas horribles en tu vida, cuando puedes liberarte de esa carga, de ese equipaje que has estado cargando sin darte cuenta, te puede liberar totalmente, puedes sentir que eso ya no te define más, puedes encontrar tu verdadero propósito de vida y finalmente sentirte libre, feliz y amado.

La forma más fácil de pensar en esa carga emocional es como si tuvieras una energía atrapada y con el perdón podrás liberar de esa energía.

Proceso de perdón

Para perdonar, hay que estar dispuestos a sumergirnos en nuestro interior para hacer cambios conscientes acerca de los que pensamos o de las creencias que tenemos acerca de una persona o una situación, y aceptar nuevas formas de pensar para reclamar el poder de expresarnos y expresar nuestra esencia de AMOR.

El poder del perdón es liberarnos de ciertas creencias que nos mantienen atorados, como por ejemplo creemos que el estar amargados es nuestro derecho de estar amargados (o cualquier adjetivo negativo), o que tenemos justificación o que tenemos el derecho de condenar a otros, o creer que es nuestro deber cambiar a la otra persona o hacerle ver que hizo mal a través de hacerlo sentir mal, tenerle resentimiento u odio, etc. Abandona estos sentimientos y recobra el verdadero poder de ser feliz.

Recuerda que este proceso es para ti, está enfocado en ti y no en la otra persona. El objetivo de este proceso es el de limpiar y liberarte de todo el dolor al que te has sometido en tu vida al mantener esas emociones guardadas dentro de ti. Para que tu puedes experimentar la prosperidad de amor, dicha, felicidad y abundancia en todos los sentidos es necesario cultivar las condiciones adecuadas internamente, antes de que las puedas experimentar externamente.

A continuación, te voy a compartir un ejercicio de perdón con Ho'oponopono. El objetivo de este proceso es el de deshacerte de toda esa carga emocional a través del perdón. Este proceso se basa en el proceso sugerido por el Dr. Matt Smith, utilizando el proceso completo de Ho'oponopono para perdonar a uno mismo y a otras personas. (James, 2017)

Esto lo puedes utilizar para personas con las cuales tienes una carga emocional fuerte, pero también con tus seres queridos, con tu pareja o con tus hijos para fortalecer la relación, y asimismo para personas que ya fallecieron para dejar ir completamente la culpa o cualquier carga emocional que tengas con ellos. De hecho, en su sitio el Dr. Matt Smith lo enfoca a todas las personas que cruzaron por tu vida en un día cualquiera, de esa forma estás liberándote de cualquier experiencia que haya sucedido durante el día.

Recuerda poner el enfoque en ti mismo, en perdonarte y sanarte a ti mismo, este es el enfoque que te ayudará a realizar este proceso para situaciones fuertes que han sucedido en tu vida. No es necesario recordar la situación que quieres perdonar, ni volver a sentir esas emociones o saber por qué quieres perdonar a esa persona.

Para comenzar el proceso del perdón es necesario que sigas los siguientes pasos:

1. Decide con quién vas a hacer el proceso: alguien que te haya perjudicado, alguien a quien amas o alguien que ya no está contigo o que ya murió. Lo primero que debes hacer es crear un espacio tranquilo en donde te sientas a gusto, estés solo. Al menos las primeras veces que haces este proceso es mejor que vayas a un lugar en donde no puedas ser interrumpido y en silencio para que te puedas concentrar.

2. Si te gusta la música, puedes poner un poco de música relajante. Luego, cierra los ojos y respira profundamente. Respira por la nariz y exhala por la boca, haciendo un sonido suave, "JA". Alarga la exhalación hasta que sea aproximadamente el doble de la inhalación. Con unas cuantas veces es suficiente, aunque cuando son cuestiones que realmente tienen una carga emocional fuerte, entonces lo que se recomienda es que lo hagas durante 5 o 10 minutos.

3. Respira profundamente y relájate, tal vez incluso medita un rato, hasta que llegues a un punto en el que te sientas muy tranquilo.
4. Luego, con los ojos aún cerrados, imagina un escenario debajo de ti y frente a ti, como una plataforma. Más tarde, traerás a la persona con el que estás realizando el proceso a este escenario o plataforma. A medida que creas este escenario, simplemente permite que tu mente se enfoque totalmente en lo que estás haciendo.
5. Posteriormente, imagina que directamente sobre tu cabeza hay una fuente de energía positiva. Es tu fuente de amor, energía curativa. Recuerda que cuando repites tu mantra y estás limpiando memorias puedes estar en el estado cero o de vacío, en donde tienes una conexión directa con la Divinidad o la Fuente de Amor Incondicional. Ahora es el momento de conectarse con esa energía.
6. Permite que la energía amorosa y curativa se conecte a la parte superior de tu cabeza. Como una lluvia suave, como una cascada, deja que fluya hacia ti, llenando tus pies, tus piernas, hasta tu cintura, llenando tu torso, fluyendo hacia ambos brazos, llenando tu cuello, tu cabeza.
7. Tómate el tiempo que necesites para permitir que esta energía fluya hacia ti y te sane por completo. La idea es que, cuando estés completamente en sintonía con esta energía, el perdón puede ser posible. Durante el proceso, continúa haciendo fluir esta energía, para dejar que baje suavemente dentro de ti y te llene.
8. Ahora, invitarás a la persona que deseas perdonar a subir al escenario. Puede ser una persona que te haya perjudicado, un ser querido con el que deseas fortalecer tu conexión o alguien que ya falleció.
9. Trae a esa persona al escenario y, antes de hacer cualquier otra cosa, en este momento, solo abre tu corazón y, con amor, haz fluir esa energía hacia todo el escenario. Imagina que fluye de tu corazón hacia la parte superior de la cabeza de la otra persona para sanarla

de la misma forma en la que tú fuiste sanado, completamente por dentro y por fuera.

10. Cuando la otra persona está llena de esa energía que tú le estás transmitiendo se está sanando, y así mismo lo estás haciendo tú. Entonces, la clave aquí es concentrarse realmente en sanar a través de que el amor circule dentro de ti y de la persona que está en el escenario.
11. Una vez que se ha completado la curación, puedes entablar una conversación con la persona. Primero, le puedes decir: "Gracias, Te perdono". Le das el perdón de tu corazón con amor y lo envías hacia esa persona. El más verdadero y auténtico tú.
12. Con el don del perdón, más poderoso será este proceso. Entonces le dices: "Te perdono" y luego: "Por favor, perdóname a mí también". Aquí es donde recuperas el perdón.
13. Una vez que te hayas expresado, permite a la otra persona el espacio para expresarse hacia ti. Cuando eso esté completo, agradece a la otra persona por estar en el escenario y agradézcale por estar en su vida. Agradéceles, por la oportunidad de tener esta experiencia y profundizar en tu desarrollo espiritual. Gracias por la oportunidad de darte cuenta de que eres capaz de perdonar y hacer fluir el amor.
14. A mí en lo personal me gusta añadir esta pequeña frase para liberarte de esa energía y dejarse ir mutuamente y sin rencores.

(Ingresa el nombre aquí) te perdono y te libero. Sé que hiciste lo mejor que sabías hacer en ese momento.
(Ingresa el nombre aquí) me perdonas y me liberas. Me dejas ir de buena forma rápidamente y en paz.
Libero y dejo ir todos los bloqueos que este agravio tiene sobre mí. Ahora doy la bienvenida al amor, paz y libertad en su lugar. Todo entre nosotros se ha resuelto en paz, amor y armonía
(Ahora respira profundamente).

15. Luego, imagina que hay una conexión, la conexión AKA, entre tú y la persona en el escenario. Imagina una cuchilla que sale de la energía de arriba y flota suavemente y corta la conexión entre tú y esa persona. Tan pronto como cortes esa conexión, deja que la persona en el escenario se desvanezca y desaparezca. Permite que la conexión restante se disuelva de nuevo en energía, dejándote libre y sin carga o equipaje emocional.
16. Finalmente, date un tiempo para reflexionar y conectarte con la sensación de estar en estado cero o de vacío.

Si esto lo hiciste con alguien que amas con el propósito de fortalecer tu conexión, pasa el tiempo para volver a conectarte con él. Llámalos, abrázalos o solo piensa en ellos.

> *«El perdonar es liberar a un prisionero y darte cuenta de que el prisionero eras tú».*
> *Lewis B. Smedes*

Cuando alguien no siente que el proceso ha sido efectivo, el problema suele ser la energía que mantienes en ese momento. Es fundamental que recuerdes un momento en el que entraste en el espacio de la energía positiva, de la conexión, de cuán increíbles pueden ser las cosas y fluir esa misma energía. Sin esta energía el proceso puede no ser tan eficaz.

El segundo punto en dónde las personas tienden a tener un poco de problemas es cuando todavía existe un poco de rencor. Según el Dr. Matt, el solo hecho de hacer una vez este proceso con esa emoción de amor es más que suficiente para que el perdón se de. En mi experiencia y en mi práctica, el forzarte a sentir ese perdón puede ser contraproducente y es posible que digas que lo perdonas cuando en realidad no ha sido así. En lo personal pienso que el perdón es un proceso, sobre todo en situaciones y personas que están muy cargadas de esa energía negativa, entonces comienza poco a poco. Es decir, repite este proceso varias veces hasta que sientas que ese perdón lo puedes hacer de forma fácil y verdadera. Cuando ya no te cueste trabajo y cuando tú comiences a sentir que te has liberado de esa carga emocional pesada.

Es posible que durante este ejercicio cuando sea el turno de la otra persona de perdonarte «Por favor, perdóname también», te topes con que esa persona dice: «no». Yo te puedo recomendar que, en este caso, explores el por qué esa persona no podría perdonarte, qué ideas o prejuicios hacen que veas a esa persona diciéndote que no. Tómate el tiempo para preguntarte realmente si estás listo o no para dejarlo ir.

A Morrnah Simeona se le preguntó una vez: «¿Qué pasa si la persona en el escenario no te perdona?» Ella dijo: «Bueno, está en tu cabeza, y debes recordar que tienes control sobre las voces en tu cabeza». Entonces ella continuó: «Sánalos más. Sánalos más». Es decir, conéctate con el amor, llénate de amor y refleja esa energía. Solo así podrás liberarte de esa carga emocional negativa y liberarte para siempre de cualquier lazo que te mantenga encadenado a los hechos. El amor es capaz de borrar cualquier cosa, aun aquellas que te han marcado por tanto tiempo.

Después de decir: "Te perdono. Por favor, perdóname también ", puedes decir cualquier otra cosa que necesites decirle a la persona en el escenario para que puedas obtener el perdón. Aquí es donde llevas tu alma ... pero debes observar tu intensidad. Es mejor no conectar con la emoción negativa que te generó el suceso o la persona. No dejes de estar en conexión con la energía de Amor Universal.

Finalmente, a veces se puede dar resistencia al cortar los lazos, la conexión AKA. Puede ser que pienses que, si lo haces con un ser querido o alguien a quien tienes en tu vida en este momento y que no quieres perder el contacto, sientas que al hacerlo el saldrá de tu vida, pero este no es el caso.

Lo que yo he aprendido de este punto, es que al cortar esta conexión permites que tus límites se reestablezcan para crear una relación más saludable. Y al volver a conectar, desde un estado de total paz y amor esa relación se fortalece.

20

LA ESPIRITUALIDAD Y LA ABUNDANCIA

Ho'oponopono es una maravillosa herramienta para mejorar tu vida, sentirte feliz y más satisfecho en tu vida, pero en realidad esto es una forma de vida. Al aceptar tu responsabilidad y mantenerte presente la mayor parte del tiempo estás cambiando la forma en la que percibes al mundo y a ti mismo, pero también la forma en la que te comportas y respondes a las situaciones del día a día.

Como te mencionaba al inicio, Ho'oponopono no es una religión, pero yo en lo personal he encontrado que me ha abierto las puertas a la espiritualidad. Puertas que yo misma había cerrado sin darme cuenta, al tratar de alejarme de las religiones y de la imagen de un Dios que condiciona el amor y castiga. Muchos como yo han perdido ese interés de pertenecer a una religión, debido a la intolerancia, comportamiento extremo o el abuso de poder. En lo personal, yo pienso que la religión no siempre te acerca a la espiritualidad, de hecho, a muchos como a mí nos hizo hasta un poco temerosos de aceptar nuestra espiritualidad por el miedo a encasillarnos con una religión en específico.

La espiritualidad no está peleada con la religión, por supuesto que en la espiritualidad hay que tener fe, pero más bien radica en experimentar esa conexión con la Divinidad más que creer a ciegas. Esta práctica espiritual de Ho'oponopono, así como el meditar, la gratitud, el yoga y el silencio te permiten hacer esa conexión con la Divinidad y detener un poco el ego y la personalidad, en lugar de pedirte únicamente que creas sin tener ningún tipo de experiencia o contacto con ese Amor Infinito.

Lo cierto es que aun sin querer y con la mejor de las intenciones, la mayoría de las religiones incluyen un poco o un mucho de miedo en sus enseñanzas. Estos conceptos de pecado original, el juicio divino, la ira de Dios o el castigo eterno pueden crear un ambiente mental cargado de preocupación y ansiedad por lo que vales o mereces y continuamente estarte preguntando si tus acciones resultarán en una retribución divina o un castigo kármico. Tu destino en el más allá puede aparecer como un cuestionamiento constante en el fondo de tu mente, influyendo sutilmente en tus pensamientos y en tu comportamiento.

En contraste, la espiritualidad no involucra el miedo o la preocupación, y favorece más un enfoque de amor y compasión hacia la vida. Como lo pudiste ver a lo largo de este libro, la espiritualidad abarca una visión basada en el desarrollo de la consciencia que apoya a todos los seres humanos en su camino hacia el despertar en amor y bondad incondicionales. Tus elecciones y tu comportamiento no están guiados por el miedo al castigo, sino por el deseo de terminar con el sufrimiento y crear un mundo pacífico y amoroso para todos.

Como te puedes dar cuenta esto no es para que elijas entre una y otra, más bien para que veas la profundidad de Ho'oponopono y sobretodo del desarrollo de la consciencia hacia el Amor Divino. Tú puedes seguir siendo parte de tu religión y ayudarte con Ho'oponopono para experimentar esa verdad que tú buscas, para experimentar una tranquilidad profunda en tu vida si así decides elegirlo. En conclusión, Ho'oponopono hará más profunda esa conexión que tienes con tu religión. Y si no perteneces a ninguna religión, es posible que puedas profundizar en tu espiritualidad al experimentar quién eres realmente.

Reencarnación y la familia

Lo cierto es que al escribir este libro estaba un poco renuente a hablar de este tema. Yo creo que mucha gente no acepta la idea de la reencarnación, sin embargo, al abrirme a la posibilidad de este hecho me dio una claridad y un respiro inimaginable a mi vida y los sucesos que ocurrieron cuando crecía. Es por esta razón que se me hace de mucha importancia el compartir contigo mi filosofía en este aspecto, el por qué creo en ello y cómo te puede ayudar con tu familia y personas cercanas en tu vida.

A continuación, voy a tratar de resumir un poco la forma en la que yo veo la reencarnación y cómo me ha ayudado en mi desarrollo espiritual. Antes de empezar con mi visión, quisiera platicarte cómo llegué a ella y por qué me di la oportunidad de explorar estas ideas.

La primera vez que tuve contacto con este tema fue a través del libro de Michael Newton, La vida entre vidas. El es un doctor en psicología e hipnoterapeuta que documentó los casos de regresión en donde las personas por medio de la hipnosis hablaban de vidas anteriores. En este caso, simplemente tome la idea, me gustó, pero no la tome como parte de mi sistema de creencias. No fue hasta que leí el libro de «Muchas vidas, muchos sabios» que realmente comencé a comprender la profundidad de todo esto. En este libro, el Dr. Brian Weiss también doctor reconocido psiquiatra de la Universidad de Yale, documentó su primer caso en donde al pedirle a la persona que hiciera la regresión hasta el nició de su fobia a la oscuridad, le relató una vida pasada. El Dr. Weiss pasó años sin poder publicar su descubrimiento, por miedo a represalias de sus colegas y de la comunidad médica. El ha publicado varios libros en donde fue capaz de documentar cómo a través de reconocer las experiencias de vidas pasadas les permitió a sus pacientes sanar y curar ciertos comportamientos, fobias o enfermedades que vivían en su vida presente y que no habían podido sanar por otros medios.

Con el paso del tiempo y con una creciente aceptación de esta teoría, sobretodo en occidente ha aumentado la cantidad de libros y experiencias que nos invitan a abrirnos a la oportunidad de considerar la reencarnación como algo muy posible.

Como puedes ver, estas dos personas son psicólogos con doctorados, menos propensos a creer en espiritualidad y en cuestiones que muchos consideran «new age». De hecho, algo que les impedía el hablar del tema era el miedo a pensar qué iban a decir de ellos y cómo sus colegas los iban a señalar. Pero cual fue su sorpresa que, al compartir sus experiencias, muchos de sus colegas habían tenido experiencias similares.

Al leer sus libros y teniendo una visión muy parecida a ellos en cuestión de tratar de explicar todo a través de la ciencia y la razón, me hicieron abrirme tan solo a la posibilidad de considerarlo. Después de todo, esa idea de que estamos aquí en esta vida para sufrir y únicamente después de la muerte podemos ser felices se me hace un poco deprimente y sin razón.

En resumen, todo comienza con una pequeña parte de la Divinidad que quiere experimentarse a sí misma como creadora y fuente del Amor Infinito. Para experimentar lo que es el amor es necesario saber qué es el odio, para saber qué es la luz es necesario experimentar qué es la oscuridad. Esto solo se puede hacer en este plano físico, en donde somos capaces de experimentar la dualidad. A través de esta experiencia es cómo realmente podemos sabernos parte de esa Divinidad y de tu rol en el Universo, aunque el comprenderlo en absoluto puede llevar varias vidas en este plano físico.

Tú existías antes de experimentar esta vida. Antes de tu llegada a la tierra, como alma, tienes una visión global del universo y tu lugar en él.

La espiritualidad y la abundancia

Tú sabes lo que es necesario para comprender realmente quién eres y lo que es necesario a experimentar con distintas situaciones en tu vida. Es así como tú decides reencarnar en un momento en particular, con una familia en particular y con ciertas situaciones que permiten la exploración profunda de tu alma. Obviamente, esta es una decisión que no recordamos, pero es a través del contacto con tu Verdadero Yo, esa parte de ti que continúa conectada con la Divinidad, que tenemos una guía para enriquecer esta experiencia.

En conclusión, tu propósito de vida es el de ser feliz y experimentar el amor, no como una novela romántica, sino en el sentido más profundo de la palabra y de conexión con la Divinidad. Adicionalmente, esta teoría nos lleva a pensar que la vida no es el inicio de nuestra existencia, sino es únicamente una transición hacia una nueva fase. Nuestro objetivo en este plano es el experimentar la vida en toda su magnificencia y para hacerlo una sola vida tal vez no sea suficiente. Se nos da la oportunidad de aprender nuevas posibilidades y lecciones de vida a través de nuestra experiencia física en múltiples ocasiones. Y es así como elegimos venir a este mundo a experimentar a vida en su totalidad.

No eres un ser humano físico y mortal. Eres parte de la Divinidad teniendo una experiencia humana. Cuando lo Divino quiere experimentar algo, encarna como humano y, a través de su poder para crearlo, proyecta las circunstancias que quiere experimentar a su alrededor. Muchos olvidamos esta gran verdad y nos permite profundizar en esta experiencia, pero tú has creado las circunstancias en las que naces. El aceptar que eres creador de la situación en la que te encuentras es sumamente liberador al verlo desde este punto, pues, así como lo creaste, así puedes cambiarlo.

Quiero decir que antes de incluir el Ho'oponopono en mi vida, había entendido racionalmente el objetivo de nuestra existencia, después de todo, ¿quién no quiere experimentar el amor en su vida?, pero lo que me he dado cuenta es que, a través de abrirme al amor, de verme como una imagen del Amor Infinito, esto me ha hecho ser capaz de experimentarlo realmente, de amarme completamente y además de poder sentir la emoción sin límites. No solo basta con el comprender cuál es nuestra misión, el sabernos amor, sino el vivirlo. Esto con toda seguridad, te abrirá las puertas a ver todas tus experiencias y todas tus relaciones con ojos más amorosos, te ayudará a ser capaz de ofrecer un poco de compasión a aquella persona que responde como tus memorias erróneas quieren, ser más amoroso con aquellos que cruzan en tu vida.

Es a través de nuestras experiencias con nuestra familia, la cual elegiste tú antes de venir que puedes aprender lo que estás destinado a conocer profundamente. Puede ser que vivas con una madre violenta, o un padre ausente, o la indiferencia de alguno de tus padres, puede ser que hayas crecido con un hermano alcohólico o una hermana que culpa a todos los demás por su insatisfacción, no son simplemente tu familia y tampoco es tu «mala fortuna» de nacer en ese ambiente. Fue tu Verdadero Yo el que eligió el tener este tipo de experiencias y acompañarte de estas almas que están aquí para ayudarte a profundizar en este plano físico.

Es esta idea en sí misma la que nos abre las puertas a ver la situación desde otra perspectiva, te invita a ser más amoroso y compasivo con aquellos que te hicieron ver que la vida era difícil, que a lo mejor te hicieron sentir poco amado o que no valías, con el objetivo de que extiendas un poco de perdón y amor hacia ellos, pues ellos te están ayudando a crecer y a desarrollarte como alma.

Para algunos es una oportunidad para reconocer el amor en sí mismos, para otros aprender el desapego o el amor incondicional, para muchos más el perdón.

«En este concepto de reencarnación que fue elegido intencionalmente, la familia es mucho más que un reflejo de tu personalidad; es el espejo de tu alma. Además, es el mensajero y el guardián de lo que vas a aprender en la tierra».
Nathalie Bodin Lamboy

La espiritualidad y la abundancia

Cuando eres capaz de pensar en que, como decía el Dr. Hew Len, esa persona está aquí para ti, para que limpies esas memorias, y en este caso para que puedas experimentar y crecer como alma, te recuerda que siempre tienes la opción de agradecer el momento el que comprendes que es esto lo que no deseas, que eso es lo que no quieres que sea parte de tu vida.

Si para ti en estos momentos es muy difícil abrirte al amor hacia una persona o hacia tu familia, puedes comenzar con el perdón. Desde luego, espero que esta idea de que tú eres parte de esa elección de vivir ciertas experiencias en esta vida te pueda invitar a ofrecer ese perdón de forma más abierta y sincera. Al mismo tiempo, te da una oportunidad de ver a tu familia como una mano amiga que quiere lo mejor para ti, independientemente de cual haya sido su papel en esta experiencia tuya, solo está aquí para ayudarte a verte a ti mismo en esos ojos de la Divinidad y del Amor Infinito.

Cuando fui capaz de darme cuenta mi rol en mi experiencia me di la oportunidad de dejar de tener rencor con mi familia, la violencia, la falta de amor y honestidad con los que crecí. Al comprender que todos venimos a esta vida a conocernos profundamente, a jugar ciertos roles que nos permitan explorar todas las expresiones de amor o el ser guías para ayudar a otra alma profundizar en su experiencia, me dio una paz y una forma de ver a mis padres y hermanos de forma mucho más compasiva de manera profundamente honesta.

Todos los resentimientos, desilusiones y expectativas fueron poco a poco desapareciendo. No te puedo decir que sucedió de manera inmediata, pero si me ayudó a abrir mi corazón hacia ellos y dejar de correr hacia el lado opuesto cuando los tenía cerca o los escuchaba.

Puedo comprender que mis padres biológicos ausentes, mis padres con los que crecí y mis hermanos me han permitido entender cosas que de otra forma no habría podido comprender. Gracias a las experiencias que tuve creciendo con ellos me dieron la oportunidad de evolucionar.

Hoy en día puedo decir de manera honesta «Gracias, te amo» cuando tengo dificultades con ellos, cuando comienzan las discusiones o cuando hay todavía en mí alguna memoria que me hace repetir el juzgarlos o condenarlos. Al aceptar esta elección tuya y su rol en tu desarrollo, no solo estás abriéndote al perdón y al amor hacia ellos, sino también hacia ti mismo.

Puedo decir que este proceso me llevo mucho tiempo entenderlo y lograr vivirlo, pero también te puedo afirmar que con Ho'oponopono lo que me faltaba comprender y con lo que me hacía falta de terminar de hacer las paces se hizo de forma mucho más rápida. Ho'oponopono nos ayuda a acelerar este proceso de aprendizaje y reconocer lo que es necesario para que tu alma pueda evolucionar profundamente en esta conexión con el Amor.

«Mi vida como la viví a menudo me había parecido una historia que no tenía ni principio ni fin. Tenía la sensación de que era un fragmento histórico, un extracto al que le faltaba el texto anterior y el siguiente. Podía muy bien imaginar haber vivido en siglos pasados y ahí encontrar preguntas que aún no podía responder; que habría tenido que nacer de nuevo porque no había cumplido la tarea que se me había otorgado».

Carl Jung

Creas o no creas en la reencarnación, en esta vida tienes la oportunidad de ver las cosas desde una perspectiva diferente, en lugar de considerarlo como una mala suerte o una mala jugada de la vida, puedes abrirte a la oportunidad de experimentar el amor, el perdón y la gratitud a través de la conexión con tu familia y tus seres queridos. Recuerda que esas personas que más nos hacen salirnos de nuestras casillas o nos invitan a sentirnos enojados o heridos son las que en realidad nos están mostrando esa parte de nosotros mismos que necesitan un poco de luz y un poco de amor. Lo que vemos en otros es el reflejo de aquello que necesitamos trabajar en nuestro interior.

Cuando comienzas a dejar fluir ese amor a través de ti y sentirlo para ti mismo comienzas a radiarlo a las personas a tu alrededor. Todos los que están en contacto contigo comienzan a sentirse en paz y todas las relaciones comienzan a ser más pacificas y fluidas. Ese espejo que son tu familia se puede volver un reflejo de amor, esa conexión que de todas formas te une a ellos y a todas las demás personas como parte de esytte Universo se vuelve más pura y profunda.

Ho'oponopono y la abundancia

En este momento estás rompiendo con aquel viejo paradigma en donde te veías a ti mismo como una víctima de las circunstancias y estás eliminando esa perspectiva del mundo que te mantiene encerrado en esas historias y memorias de confusión, odio, culpa, victimización e impotencia.

Lo que estás aprendiendo a través de esta técnica espiritual de Ho'oponopono es que tú ya eres poderoso y tú eres digno y mereces tener toda la belleza, abundancia y los sueños cumplidos que tu corazón desee. A través de Ho'oponopono estás aprendiendo a estar en sintonía con ese poder y a utilizarlo para crear amor, abundancia y una belleza verdadera. Es así como te permites expresar tu esencia de amor y belleza divina.

> *«Conténtate con lo que tienes, regocíjate con cómo están las cosas. Cuando te das cuenta de que no te falta nada, todo el mundo te pertenece»*
> Lao Tzu

La abundancia es un estado mental, no uno físico, y la abundancia no se trata únicamente del dinero, sino de permitirte ir con el flujo de la vida, tener amor, dicha y felicidad y relaciones saludables y amorosas.

Lo que muchos olvidamos cuando trabajamos en nuestra abundancia financiera es que hay muchas otras cosas que están relacionadas con ella. Como te decía anteriormente, al trabajar con mis bloqueos mentales también pude descubrir cómo esta personalidad perfeccionista me limitaba y me hacía pensar que todavía no era el momento adecuado para recibir abundancia financiera pues yo no era perfecta. Claro que todo esto sucedía desde un punto de vista subconsciente, así que sin importar lo que yo hiciera de forma consciente nada me funcionaba definitivamente.

Cuando trabajas con Ho'oponopono y estás limpiando constantemente, estarás también limpiando esas creencias y esa resistencia a manifestar abundancia y riqueza en todos los aspectos. Cuando limpias un aspecto de tu vida, por ejemplo, cuando estamos constantemente limpiando con nuestra pareja, entonces lo más seguro es que toda esta limpieza tenga un impacto positivo en todo lo demás.

Adicionalmente, el perdón es uno de los medios más efectivos para remover estos bloqueos emocionales y espirituales que podemos tener hacia cualquier tipo de manifestación, sobretodo la abundancia financiera. El mantener el resentimiento o el enojo, por más justificado que sientas que es, solo te limita y te mantiene bloqueado como si hubiera algo que no permitiera que lo bueno llegue a tu vida. Recuerda la historia del tazón de luz, entre más piedras tengas adentro menos luz entra en él. Así es como todo se relaciona con tu abundancia en todos los sentidos.

La lucha en el ámbito financiero está vinculada con los resentimientos y con ese sentimiento de agravio que puedes aun sentir en lo profundo de tu ser. No importa qué tan viejas sean esas situaciones o lo mucho que trates de convencerte que no importan, cuando perdonas te liberas de esa carga que sin darte cuenta vienes cargando desde hace años. Es necesario realizar el ejercicio del perdón que te describí en el capítulo pasado con cada una de las personas que sientas ha contribuido a tu dolor o que te haya lastimado de alguna forma para que puedas liberarte y finalmente abrirle las puertas a la abundancia y a la felicidad. Asimismo, el limpiar diariamente y de manera constante no solo mejorará tus relaciones, sino que eliminará progresivamente esos bloqueos.

Cuando estás consumido por la ira o el resentimiento, no habrá espacio para la abundancia. Sin darte cuenta, cuando limpias un aspecto de tu vida, cuando dejas ir las memorias negativas en algunos aspectos, notas que todo está interconectado con todo, por lo que el dejar ir esas emociones, te abrirá las puertas a otras emociones mucho más placenteras.

Morrnah solía contar una historia acerca de las finanzas y como sin darnos cuenta les cerramos la puerta por estar muy ocupados con nuestra propia historia. Ella decía que si la Divinidad tocará en tu puerta y dijera «tengo un millón de dólares en oro para ti», la mayor parte de la gente contestaría, «no, debes tener la casa equivocada», o «no, no tengo espacio donde ponerlo». La limpieza con Ho'oponopono es como si estuviéramos limpiando esa respuesta. Pues cuando limpias abres la puerta y le estás contestando a la Divinidad «Entra, ya he limpiado las cosas que estaban en mi camino, que ni tenía idea me estaban bloqueando, ahora si ya hay espacio».

Así que, regresando al punto de dejar ir y eliminar expectativas, de eso se trata todo el «trabajo» con Ho'oponopono: limpiar tus memorias y bloqueos mentales y emocionales. El limpiar y limpiar sin expectativas, nos remueve los bloqueos y cualquier cosa que nos impida experimentar la abundancia en todos los aspectos. Claro que nos daremos cuenta de que es necesario continuar limpiando porque se nos presentarán las oportunidades para hacerlo, al ver ciertas situaciones o personas que todavía nos sacan de nuestra tranquilidad, nos están dando la oportunidad de estar presentes y conectar con la energía de amor que es capaz de trasmutar cualquier energía o memoria que todavía resida en nuestro subconsciente. El objetivo es continuar limpiando nuestras experiencias y abrirle las puertas a la Divinidad.

El éxito y el dinero no son algo que podamos tener persiguiéndolos, en realidad estos dos son un producto de nuestro trabajo interno. Muchas personas continúan persiguiendo el éxito como si fuera un chocolate que vamos a bajar de la repisa superior de nuestra despensa, tratando de alcanzarlo sin importar que pase alrededor o debajo de ti. En esta persecución por el éxito y el dinero, la gente termina totalmente separada de sí mismo, trabajando hasta el cansancio, desatendiendo a sus familias, sin un poco de gozo y alegría pues están totalmente enfocados en ese objetivo que los lleve finalmente a alcanzar el regalo prometido.

Enfócate en sanar y limpiar en ti todas esas creencias, en volverte el reflejo de ese Amor Universal y comienza honestamente a darles valor a las personas que están a tu alrededor. Si te enfocas en construir valor para los demás, en lugar de generar dinero, entonces el dinero y el éxito vendrán más fácilmente a tu vida. Puedes obtener todo lo que deseas en tu vida, cuando tu enfoque sea el agregar más valor a la vida misma, tanto para ti como para otros.

Esta es una de las lecciones que yo escuchaba y leí cuando comencé mi práctica de coaching. Cómo el éxito y el dinero estaban íntimamente relacionados con el valor que podemos ofrecer a nuestros clientes y a la gente en general. Puedo decir que ha sido uno de los pilares en mi práctica de coaching y en mis servicios en línea, pero no fue hasta que decidí poner un nuevo estándar en mi vida que todo cambio. Decidí volverme la persona más amorosa y cariñosa que conocía. Esto lo puedo hacer con mis clientes, con mi familia y con cualquier persona que cruza mi vida. Y esto implica el ser amorosa de pensamiento, palabra y emoción. Te invito a que lo intentes tu también. Establece tu intención de ser más amoroso y cariñoso, de ofrecer un valor a cada persona que cruza tu camino y ve tu vida transformarse totalmente.

En lugar de siempre querer una vida más fácil, mejor pensemos en desear ser mejor, ser más amoroso, ser más compasivo. No te enfoques

La espiritualidad y la abundancia

en cuantos problemas o cuan fácil puedes hacer tu vida, concéntrate en generar más sabiduría y en conectarte con la Fuente de Amor.

Entre más busques el éxito, el dinero y la felicidad más se alejarán, Enfoca tus esfuerzos en desarrollar el amor por ti mismo y por las otras personas, en generar valor para ti mismo y para el mundo y todo lo demás llegará a ti en menor tiempo y de la forma en la que menos te esperas.

Una recomendación que me ha encantado del Dr. Hew Len es el de limpiar sin importar lo que estés haciendo. Yo limpio cuando limpio la casa, cuando cocino, hasta cuando veo una película. No tengo un objetivo en mente, solo me mantengo limpiando y esperando ver sorpresas aparecer en mi vida. Y es así como literalmente le abres las puertas a la abundancia a tu vida.

A medida que limpiamos con Ho'oponopono continuamos limpiando nuestras memorias y es así como comenzarás a ver cosas buenas suceder en tu vida. A medida que borramos las creencias negativas, las memorias y las experiencias que te han ido marcando, mejores oportunidades se te presentarán y cosas que jamás creíste comenzarán a llegar a tu vida.

Del mismo modo, el dinero es una de estas cosas. A medida que limpias, estarás removiendo todos los bloqueos y barreras para que la abundancia financiera y de todo tipo llegue a tu vida. Es por eso que lo único que puedes esperar de ahora en adelante es que con Ho'oponopono tu vida entera mejora. Mejorará todo lo que te rodea, incluido tu estado financiero, junto con tantas otras cosas que no te has dado cuenta has estado esperando durante mucho tiempo.

Tu único trabajo en este momento es el de limpiar tus memorias y programación negativa, lo puedes hacer con Ho'oponopono o cualquier otra herramienta que consideres adecuada. Aunque indudablemente Ho'oponopono es de las más fáciles y eficaces que podrás encontrar. Cuán rápido y qué tan completa sea la transformación de tu vida depende al cien por ciento de ti mismo. Depende de que tanto aceptes tu responsabilidad y de que tú eres el creador de tu vida y tus circunstancias.

Si prácticas Ho'oponopono constantemente y con convicción definitivamente obtendrás el resultado que deseas, verás poco a poco los milagros manifestarse en tu realidad y te sentirás más pleno que nunca.

Tú puedes desde este mismo momento liberarte de ciertas situaciones haciéndote responsable de ellas introduciendo el Ho'oponopono en tu vida.

La paz del yo
La paz esté contigo, toda mi paz.
La paz que es «yo», la paz que es el «yo soy».
La paz por siempre y para siempre, ahora y para la eternidad.
Mi paz te doy a ti, mi paz te dejo a ti.
No la paz del mundo, solo mi paz.
La paz del «yo».

Espero que encuentres la paz y el amor en tu interior y que tengas hermosos descubrimientos a través de tu práctica de Ho'oponopono.

Gracias, Te amo

Angie Ramos

Acerca del autor

Angie es una coach certificada por el Robbins-Madanes Training Center bajo las enseñanzas de Tony Robbins y Cloé Madanes. Angie ejerció como Gerente de Proyectos por más de 12 años hasta que su propio trabajo espiritual la llevo a profundizar en las técnicas y procesos para mejorar su vida. Esto la llevo a querer compartir y ayudar a más gente a reconocer su propio valor y descubrir que todos somos capaces de vivir una vida feliz y llena de abundancia.

Fue así como en el 2015 creó el sitio de Hábitos Exitosos en donde su principal objetivo es compartir con la gente todo aquello que les permita remover creencias y bloqueos y abrirse a una vida más satisfactoria. Además, Angie ha trabajado en programas como la Alimentación Intuitiva que ayudan a las mujeres a llegar una paz con su cuerpo, con la comida y sus emociones.

Su misión es compartir con individuos comprometidos consigo mismos una forma de alcanzar el equilibrio entre su vida interior y el mundo que los rodea. Mejorando su vida desde el interior y lograr que se vean como individuos poderosos, amorosos y radiantes. Angie ha publicado varios programas que ayudan a la gente a mejorar su autoestima, eliminar creencias limitantes, mejorar su actitud hacia el dinero y vivir intuitivamente.

Para más información acerca de como trabajar con Angie, sus programas y sus servicios puedes visitar sus sitios de Internet:

https://habitosexitosos.com
https://angieramos.ca

Recursos adicionales

Puedes encontrar más recursos que te ayudarán a adoptar el Ho'oponopono como una herramienta espiritual para resolver problemas en esta página.

https://habitosexitosos.com/recursos-hooponopono

Referencias

Alvez, E. M. (s.f.). *Ho'oponopono Técnicas para sanar.*
Braden, G. (2020). *The Wisdom Codes.* United States: Hay House, Inc.
Cabanillas, M. J. (2011). *Conéctate con los milagros.*
Daphna Joel, Z. B. (2015). Sex beyond the genitalia: The human brain mosaic. *Proceedings of the National Academy of Science of the United States of America.*
Denoyelles, A. (2012). *The Sovereignty of Love.* Kauai, Hawaii: Vesica Publishing.
Dr. Luc Bodin, N. B. (s.f.). *El Gran Libro de Ho'oponopono.*
Durek, S. (s.f.). *Spirit Hacking.*
Dwoskin, H. (2003). *The Sedona Method: Your key to lasting Happiness, Success, Peace and Emotional Well-being.* Sedona, Arizona: Sedona Press.
Dwoskin, H. (2003). *The Sedona Method: Your Key to Lasting Happiness, Success, Peace and Emotional Well-Being.* Sedona: Sedona Press.
Eileen Caddy, M. a. (s.f.). *Learning to Love.* Findhorn Press.
Harvard Medical School. (1 de May de 2018). *Understanding the stress response.* Obtenido de https://www.health.harvard.edu/staying-healthy/understanding-the-stress-response
Ihaleakala Hew-Len, P. D. (s.f.). *Zero Wise.* Obtenido de A Message from Ihaleakala: https://www.zero-wise.com/message-from-ihaleakala/
James, D. M. (2017). *Ho'oponopono: Your Path to True Forgiveness.* California: Crescendo Publishing.
Joe Vitale, I. H. (2007). *Zero Limits, The Secret Hawaiian System for Wealth, Health, Peace and More.* New Jersey: John Wiley & Sons, Inc.
Kamailelauli'I Rafaelovich, L. R. (2014). *Blue ice: Memories and Relationships, MsKr SITH Conversations, Book 2.* Bingboard Consulting LLC.
Katz, M. (2003). *The Easiest Way.* Woodland Hills, CA: Cataloging-in-Publication.

Khalsa, S. (28 de 11 de 2012). *Morrnah Nalamaku Simeona, Hawaiian healer.* Obtenido de Amazing Women in History: https://amazingwomeninhistory.com/morrnah-nalamaku-simeona-hawaiian-healer/

Killingston MA, G. D. (2010). A wandering mind is an unhappy mind. *Science, 10.1126.*

Music, Z. L. (2012). *The Ho'oponopono: Prayer & Cleaning Tools Handbook.*

Ramniceanu, J. (2013). *Magical Words: My Experiences with Ho'oponopono.* Jocelyne Ramniceanu at Smashwords.

RON AMES, P. B. (s.f.). *The Breath Project.* Obtenido de https://thebreathproject.org/how-to-relieve-stress/the-physical-consequences-of-thought/

Smith, C. G. (2017). *Ho'oponopono Book: Healing your life the ancient hawaiian secret power-prayer.* Colin G Smith.

Smith, C. G. (2017). *Ho'oponopono: Advanced Ho'oponopono Secrets.* Colin G Smith.

Tolle, E. (1998). *The Power of Now: A Guide to Spiritual Enlightment.* Vancouver, BC: Namaste Publishing.

Tracy, B. (01 de Jan de 2016). *Tapping your superconscious mind.* Obtenido de https://seminarsondemand.com/tapping-your-superconscious-mind-by-brian-tracy/

Vitale, J. (2014). *At Zero, The Quest for miracles through Ho'oponopono.* New Jersey: Wiley.

www.ingramcontent.com/pod-product-compliance
Lightning Source LLC
Chambersburg PA
CBHW070656100426
42735CB00039B/2170